売却益と
節税を
最大化

Bible for Selling your Income Property

収益不動産「売却」バイブル

不動産専門税理士 **萱谷有香** *Yuka Kayatani*

技術評論社

まえがき

　収益不動産の「売却」について考えるとき、不動産投資家がまず初めに思うこと、それは「少しでも高く売却したい」ということだと思います。

　少しでも高く売却したいと考えたら、次に「いつ、どのタイミングで売却するのがよいのか」という疑問がわいてきます。

　そして、適切なタイミングで高く売却できたとしたら、手元にはいくらのお金が残るのか知りたくなります。

　それと並行して、高く売却できたとしたら、いくらくらい売却益が発生するのかも知りたいでしょう。

　さらに、売却益が大きく発生するのであれば、どのような節税対策を打てばよいのかも気になります。

　私は不動産投資家の1人として、「売却」を検討するときには上記のようにいくつも考えます。検討中には、期待、疑問、悩みがどんどん浮かんできますが、それは不動産投資家なら誰しも共通するものだと思います。

　収益不動産には大きく分けて「購入」「保有」「売却」「相続」という4つの局面がありますが、本書は、とことん「売却」に特化して深堀りした内容になっています。

　また本書は、不動産賃貸業を行う個人と法人の両方を対象にしています。読者の皆さんが収益不動産を売却する前でも、売却したあとでもお読みいただければ確実に知識の幅が広がりますが、できれば売却する前にお読みいただくほうが効果的です。

　まず、第1章では売却とその税務の基礎知識として、売却損益の計算方法と売却による手残りの計算方法をお伝えします。不動産投資の熟練者であったとしても基礎を固める意味で目を通していただきたいと思います。

いくらくらい売却益が発生するのか、手元にはいくらのお金が残るのかをご自身で計算できるようになります。

第2章では、「いつ、どのタイミングで売却するのがよいのか」という観点から、売却を判断する指標をいくつか紹介します。

第3章では、売却益が大きく発生する場合の節税対策についてお伝えするとともに、売却による手残りを少しでも多くするテクニックを紹介します。理解して実行に移せば、売却により得られるキャッシュフローが大きく変わるはずです。

第4章では、売却に絡む消費税やインボイス制度についてお伝えします。売却実務では当たり前のように実施検討されているものですが、かなり高度でマニアックな内容を含みます。ぜひ、万全の理解を目指してください。

第5章では、売却の選択肢を広げるために、収益不動産そのものを売却するのではなく、M＆Aで不動産所有法人ごと売却する手法を紹介します。

これまで数々の収益不動産売却の相談を受け、不動産専門税理士として実務から学び得た私なりの経験と考えを、私と同じ不動産投資家の皆さんにお伝えし、少しでも売却に対する疑問や不安を減らせられればよいと書き綴りました。

この本を読み終わったとき、皆さんの収益不動産の売却に関する知識が格段にアップしていることを期待しています。

2024年5月

萱谷 有香

第2章 売却判断の基本

基礎編

第**5**章 M&Aで不動産所有法人ごと
売却する 応用編

特典動画
「収益不動産 売却前に知っておきたい
節税対策＆CF増加対策」の視聴方法

　収益不動産の売却益を圧縮する節税テクニックを、税理士であり不動産投資家でもある筆者が動画で分かりやすくお伝えします。この特典動画は読者限定のネット配信動画で、パソコンからでもスマートフォンからでも再生できます。1時間を超える動画になりますのでデータ通信量にご注意ください。

　特典動画を視聴するには、以下のQRコードを読み取るか、もしくは以下のURLをブラウザのアドレスバーに入力して申込フォームを表示させてください。

申込フォームURL：
https://f.msgs.jp/webapp/form/16349_vey_175/index.do

　表示された申込フォームに、メールアドレス、お名前、パスワードを入力して［送信］ボタンを押してください。自動返信メールにて、特典動画を視聴できるURLをお送りします。

　パスワードは以下を入力してください。

パスワード：YtUakAsi43

　本動画の内容の正確性については十分注意をしておりますが、税法の改正に伴って情報が陳腐化する場合や、不正確な情報が含まれている場合もあります。情報が陳腐化した場合および不正確であったことにより生じた損害について、筆者および技術評論社は一切の責任を負いません。また、説明が複雑になることを避けるため、一部に法律用語によらない表現や詳細な説明を省略している場合があります。

　本動画に収録されている映像および音声をその一部でも、著作権者の許諾なしに複製、改編、上映、上演を行うこと、および放送、有線放送、インターネットTVなどにより公衆に配信することは法律により固く禁止されており、違反した場合は刑事罰および民事罰を招来することになります。

第 1 章

売却の税務の基本

導　入　編

1-1 個人のマイホームを 売却したときの売却損益

まずは身近なマイホームの売却から話を始めます。意外に知っているようで知らないこともあるマイホームの売却損益の計算方法と、売却による税率を理解しましょう。

☑ マイホームの売却損益の計算では購入時の資料がポイントとなる。
☑ 個人の売却での基本的な税率を覚え、特例も理解する。

意外に知らない譲渡損益の計算方法

本書は、収益不動産の売却に関することを柱としていますが、まずは身近なところでマイホームを売却した際の譲渡損益から話を始めます。ウォーミングアップだと思ってお読みください。

不動産投資家であっても、マイホームを所有している方は多いと思いますので、ぜひ理解しておいてほしい内容になります。マイホームは収益不動産に比べて頻繁に売却するものではありませんから、思いのほか譲渡損益の計算方法が理解されていなかったりするものです。

個人のマイホームを売却したときは、所得税法上、譲渡所得として計算されます。

譲渡所得の計算方法は以下のとおりです。

> 譲渡所得 = 売却価額 + 固定資産税精算金 − 取得費 − 譲渡費用

この公式ではイメージが付きづらいと思いますので、図1-1で大枠のイメージをつかんでください。

取得時と同じ価額で売却したとしても、建物価額は減価償却されて減っていくので売却益が発生することが大きなポイントです。

図1-1 譲渡所得のイメージ

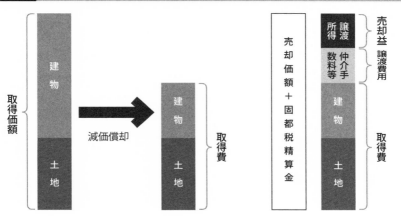

それでは、先ほどの公式のそれぞれの言葉の意味を簡単に説明します。

売却価額は、言葉どおりで、不動産売買契約書に記載された価額です。

不動産の売買を行うときに、その不動産にかかる1年分の固定資産税を、所有日数に応じて買主が売主に支払います。固定資産税精算金は、そのお金のことです。

取得費は、不動産を購入したときの土地と建物の金額から、購入から売却までの減価償却費相当額を差し引いた金額です。この取得費は、以下のような付随費用も含めて計算しますので忘れないようにしてください。

・購入時に支払った固定資産税精算金
・購入時の仲介手数料
・購入にあたって支払った立ち退き料、移転料
・購入時の売買契約書に貼付した収入印紙
・登録免許税
・司法書士報酬
・不動産取得税

最後に、譲渡費用ですが、これは売却時に支払った仲介手数料や売買契約書に貼付した収入印紙代になります。

手を動かして計算してみる

　先ほどの公式を用いて実際に計算してみましょう。まずは前提条件を確認してください。

【前提条件】

〈購入時の詳細〉

・購入日 ➡ 2015年2月1日

・築年数 ➡ 新築

・構造 ➡ 鉄筋コンクリート造（耐用年数47年）

・購入価額 ➡ 土地5,000万円、建物5,000万円

・固定資産税精算金 ➡ 10万円（土地分）

・仲介手数料 ➡ 300万円

・購入にあたって支払った立ち退き料、移転料 ➡ 0円

・売買契約書に貼付した収入印紙 ➡ 3万円

・登録免許税 ➡ 40万円

・司法書士報酬 ➡ 17万円

・不動産取得税 ➡ 30万円

・住宅ローンにより購入

〈売却時の詳細〉

・売却日 ➡ 2024年7月31日

・売却価額 ➡ 土地6,000万円、建物6,000万円

・固定資産税精算金 ➡ 20万円（土地建物分）

・仲介手数料 ➡ 400万円

・売買契約書に貼付した収入印紙 ➡ 6万円

・抵当権抹消登記費用 ➡ 2万円

　譲渡所得を求めるためのそれぞれの金額について見ていきます。

$$譲渡所得 = 売却価額 + 固定資産税精算金 - 取得費 - 譲渡費用$$

                  ①   ②   ③   ④

① 売却価額 ➡ 1億2000万円

② 固定資産税精算金 ➡ 20万円

③ 取得費の計算が分かりにくいので、ステップ1からステップ4まで段階を踏んで計算します。

▼ステップ1：購入時の土地建物価額に、付随費用を按分して加算する

図1-2を見てください。

図1-2 按分表

取得価額

内容	税込
土地建物総額	100,000,000
固定資産税精算金（土地分）	100,000
仲介手数料	3,000,000
収入印紙	30,000
登録免許税	400,000
司法書士報酬	170,000
不動産取得税	300,000
取得価額合計	104,000,000

売買契約書記載金額

	評価額	割合
建物	50,000,000	50%
土地	50,000,000	50%
合計	100,000,000	100%

売買契約書の金額による按分

内容	土地	建物	合計
	50%	50%	100%
土地建物総額	50,000,000	50,000,000	100,000,000
固定資産税精算金	100,000	0	100,000
仲介手数料	1,500,000	1,500,000	3,000,000
収入印紙	15,000	15,000	30,000
登録免許税	200,000	200,000	400,000
司法書士報酬	85,000	85,000	170,000
不動産取得税	150,000	150,000	300,000
取得価額合計	52,050,000	51,950,000	104,000,000

　固定資産税精算金は、新築の物件であれば通常、土地の固定資産税のみを精算しますので、10万円については土地の取得価額にのみ加算します。中古の物件であれば、土地と建物両方の固定資産税を精算するでしょうから、その場合には精算額を土地と建物に割り振ります。

　そのほかの付随費用である仲介手数料などは、売買契約書に記載された土地と建物価額の割合でそれぞれ按分し、土地と建物価額に加算していきます。

　そうすると、最終的に土地は5,205万円、建物は5,195万円となるのです。

　もし、これらの付随費用の資料がない場合には、売買契約書の土地建物の金額に加算することができません。すると**当初の取得価額が減少してしまい、売却益が発生しやすくなります**。この点については、このあとの計算で説明します。

▼ステップ2：建物の購入から売却までの減価償却費を計算する

　以下の計算式により減価償却費を計算します。

建物の購入から売却までの減価償却費	=	ステップ1で求めた建物価額 × 0.9 × 償却率 × 経過年数

　償却率は、建物の耐用年数の1.5倍の年数に対応する旧定額法の償却率を使います。今回の建物は新築の鉄筋コンクリートですので、法定耐用年数は47年になります。

47年 × 1.5 ＝ 70.5年

　法定耐用年数70年の旧定額法の償却率は「0.015」です。

　経過年数は、購入から売却までの年数を求めます。6カ月以上は1年とし、6カ月未満の端数は切り捨てて計算します。

```
・売却日：2024年7月31日
・購入日：2015年2月 1日
 差  引：   9年5月30日 ➡ 9年

建物の購入から
売却までの      =  ステップ1で求めた  × 0.9 × 償却率 × 経過年数
減価償却費          建物価額

        5,195万円 × 0.9 × 0.015 × 9年 ＝ 631万1925円
```

▼ステップ3：建物の未償却残高を計算する

　ステップ1で求めた建物価額から、ステップ2で計算した減価償却費を控除します。

```
5,195万円 − 631万1925円 ＝ 4,563万8075円
```

▼ステップ4：土地の取得価額と合計する

　土地は減価償却しないので、売却時の取得費として、ステップ1で求めた5,205万円を使います。

```
取得費 ＝ 土地5,205万円 ＋ 建物未償却残高4,563万8075円
       ＝ 9,768万8075円
```

以上で③取得費が求められました。

最後に、④譲渡費用を求める式は以下となります。

```
仲介手数料400万円 ＋ 収入印紙6万円 ＝ 406万円
```

　16ページで抵当権抹消費用を2万円としました。**住宅ローンの完済により抵当権を抹消する費用が発生しますが、マイホームの場合は譲渡費用とはなりません。**

過去の裁決事例での国税不服審判所の判断を引用します。

債務の担保として供するため設定した抵当権を債務で弁済することに起因して抹消するために支出したものであって、たまたま抵当権が設定されている土地の譲渡の際に支出されたものであり、当該譲渡のために直接要した費用とは認められず、譲渡費用に該当するものではない。

つまり、**抵当権抹消は不動産を売却しなくても不動産の所有者が行う登記のため、売却による直接的な費用とならず、結果、譲渡費用にならない**、という判断です。

ここまでで、譲渡所得を計算するのに必要な項目が出そろいました。

譲渡所得 ＝ 売却価額 ＋固定資産税精算金 － 取得費 － 譲渡費用
譲渡所得 ＝1億2000万円 ＋ 20万円 － 9,768万8075円 － 406万円
＝1,845万1925円

もし購入時の付随費用の資料がなく、土地と建物の購入金額に加算できなかったとすると、取得費は少なくとも以下のような金額になります。

▼ステップ1
土地5,000万円　建物5,000万円

▼ステップ2
5,000万円 × 0.9 × 0.015 × 9年 ＝ 607万5000円

▼ステップ3
5,000万円 － 607万5000円 ＝ 4,392万5000円

▼ステップ4
土地5,000万円 ＋ 建物未償却残高4,392万5000円 ＝ 9,392万5000円

　よって、譲渡所得は1億2000万円 ＋ 20万円 － 9,392万5000円 － 406万円 ＝ 2,221万5000円となります。

　最初の計算と比べると、376万3075円も譲渡所得が増えてしまいました。以上のことから明らかなように、**マイホームであっても購入時の売買契約書だけでなく、それに付随した費用の書類も保管**しておくようにしてください。

譲渡所得にかかってくる税率

　売却による利益（所得）の計算方法を見てきました。先ほど計算した譲渡所得に税率が掛けられて、納付すべき税金が確定します。

　もちろん、譲渡所得の計算だけでは不十分で、最終的な税金がいくらになるのかまで理解することが必要です。

マイホームを売却した際、適用要件を満たせば、特別控除や買い替え特例など様々な特例を使うことができ納税額が減るのですが、ここではそれらは加味していません。

　個人の売却による税率はこのあとも頻出しますので、ここで整理しておきます。

【① 売却した年の1月1日時点で所有期間が5年以下 = 短期譲渡所得 】
所得税 ➡ 30%
住民税 ➡ 　9%

【② 売却した年の1月1日時点で所有期間が5年超 = 長期譲渡所得 】
所得税 ➡ 15%
住民税 ➡ 　5%

ソ導入編

図1-3　短期と長期の所有期間

マイホーム取得	短期譲渡					長期譲渡期間				
2015年2月	2016年	2017年	2018年	2019年	2020年	2021年	2022年	2023年	2024年	2025年

　特例として、**売却した年の1月1日時点で所有期間10年超のマイホームであれば以下の税率**になります。

【**マイホームの軽減税率の特例**
　売却した年の1月1日時点で所有期間が10年超 ＝ 長期譲渡所得】

① 長期譲渡所得の金額をAとする。A ≦ 6,000万円の場合、
所得税 ➡ A × 10%
住民税 ➡ A × 4%

② 長期譲渡所得の金額をAとする。A > 6,000万円の場合、
所得税 ➡ （A － 6,000万円）× 15% ＋ 600万円
住民税 ➡ （A － 6,000万円）× 5% ＋ 240万円

図1-4　マイホーム軽減税率適用の所有期間

マイホーム取得	短期譲渡					長期譲渡						
2015年2月	2016年	2017年	2018年	2019年	2020年	2021年	2022年	2023年	2024年	2025年	2026年	2027年

マイホーム軽減税率

　今回の例では、2015年2月1日に購入して、2024年7月31日に売却していますので長期譲渡所得になります。ただし、売却した年の1月1日時点において8年11カ月しか経過していないため、惜しくもマイホームの軽減税率は適用不可となります。

　よって、譲渡所得1,845万1925円を1,000円未満切り捨てした、1,845万1000円に対して税率が掛けられます。

所得税 ➡ 1,845万1000円 × 15% = 276万7650円

住民税 ➡ 1,845万1000円 × 　5% = 　92万2550円

短期譲渡所得か長期譲渡所得かの判定では、実際の所有期間ではなく、売却した年の1月1日を基準日とすることに注意してください。実際の所有期間は5年超でも、売却年の1月1日時点では4年10カ月のように短期譲渡所得になるケースもあります。

1-2 個人で収益不動産を売却したときの売却損益

不動産賃貸業を行っている方は、所有中の不動産所得の計算だけでなく、売却による売却損益の計算も必須となります。売却して初めて投資として成功したかどうかが確定するのでイグジットの計算は重要です。

☑ マイホームの売却損益の計算と違う点に注意する。
☑ 個人の収益不動産の売却損益を計算する方法は2通りある。

個人の収益不動産も譲渡所得になる

　不動産賃貸業を個人で行っている方であれば、必ず知っておいてほしい売却損益の計算について説明します。 1-1 でお伝えしたマイホームの売却損益の計算の仕方と大枠の考え方は同じですが、違う部分もいくつかありますので、その違いに注意してください。

　個人で収益不動産を売却したときも、所得税法上、譲渡所得として計算されます。譲渡所得の計算方法はマイホームと同様で、以下のとおりです。

> 譲渡所得 ＝ 売却価額 ＋ 固定資産税精算金 − 取得費 − 譲渡費用

　売却価額と固定資産税精算金の考え方はマイホームの場合と一緒です。一方で、**個人の収益不動産の場合は、以下の付随費用を取得費に含めることになり、マイホームのときと含める費用が変わります。**

・購入時に支払った固定資産税精算金
・購入時の仲介手数料
・購入にあたって支払った立ち退き料、移転料

マイホームの取得費の計算のときには以下のような付随費用も含めていましたが、個人の収益不動産の場合は扱いが異なります。**これらは支払った年の不動産所得の必要経費として計上**してください。

・購入時の売買契約書に貼付した収入印紙
・登録免許税
・司法書士報酬
・不動産取得税

　譲渡費用は、売却時に支払った仲介手数料や、売買契約書に貼付した収入印紙代になります。**仲介手数料や収入印紙代を不動産所得の必要経費にしてしまうのは間違いやすい点**です。**譲渡所得の費用として認識してく**ださい。
　また、抵当権抹消にかかる費用は、マイホームの場合には何の費用にもなりませんでしたが、**個人の収益不動産の場合は、抹消にかかる費用を不動産所得の必要経費として計上する**ことになります。

個人の収益不動産の譲渡所得を計算する

　譲渡所得を計算するために、まずは前提条件を確認してください。

【前提条件】
〈購入時の詳細〉
・購入日 ➡ 2015年2月1日
・築年数 ➡ 新築
・構造 ➡ 鉄筋コンクリート造（耐用年数47年）
・購入価額 ➡ 土地5,000万円、建物5,000万円
・固定資産税精算金 ➡ 10万円（土地分）
・仲介手数料 ➡ 300万円
・購入にあたって支払った立ち退き料、移転料 ➡ 0円

・売買契約書に貼付した収入印紙 ➡ 3万円

・登録免許税 ➡ 40万円

・司法書士報酬 ➡ 17万円

・不動産取得税 ➡ 30万円

＜売却時の詳細＞

・売却日 ➡ 2024年7月31日

・売却価額 ➡ 土地6,000万円、建物6,000万円

・固定資産税精算金 ➡ 20万円（土地建物分）

・仲介手数料 ➡ 400万円

・売買契約書に貼付した収入印紙 ➡ 6万円

・抵当権抹消登記費用 ➡ 2万円

譲渡所得 ＝ 売却価額 ＋ 固定資産税精算金 － 取得費 － 譲渡費用
　　　　　　　　①　　　　　　　　②　　　　　　③　　　　　④

① 売却価額 ➡ 1億2000万円

② 固定資産税精算金 ➡ 20万円

---

　③ 取得費は、減価償却費の計算がマイホームと大きく異なります。これに関して、ステップ1から4まで段階を踏んで計算します。

▼ステップ1：購入時の土地建物価額に、付随費用を按分して加算する

　図1-5を見てください。固定資産税精算金と仲介手数料のみを取得価額に加算します。そのほかの付随費用である収入印紙や登録免許税などは、支出した年の不動産所得の必要経費に算入してください。

　以上を踏まえると、土地は5,160万円、建物は5,150万円となります。

図1-5 按分表

取得価額

内容	税込
土地建物総額	100,000,000
固定資産税精算金（土地分）	100,000
仲介手数料	3,000,000
収入印紙	0
登録免許税	0
司法書士報酬	0
不動産取得税	0
取得価額合計	103,100,000

売買契約書記載金額

	評価額	割合
建物	50,000,000	50%
土地	50,000,000	50%
合計	100,000,000	100%

売買契約書の金額による按分

内容	土地	建物	合計
	50%	50%	100%
土地建物総額	50,000,000	50,000,000	100,000,000
固定資産税精算金	100,000	0	100,000
仲介手数料	1,500,000	1,500,000	3,000,000
収入印紙	0	0	0
登録免許税	0	0	0
司法書士報酬	0	0	0
不動産取得税	0	0	0
取得価額合計	51,600,000	51,500,000	103,100,000

▼ステップ2：建物の購入から売却までの減価償却費を計算する

以下の計算式により減価償却費を計算します。

1年あたりの 建物の減価償却費	＝	ステップ1で求めた 建物価額	×	定額法の 償却率

償却率は、建物の耐用年数に対応する定額法の償却率を使います。

今回の建物は新築の鉄筋コンクリートですので、法定耐用年数は47年になります。法定耐用年数47年の定額法の償却率は「0.022」です。

1年あたりの 建物の減価償却費	＝	ステップ1で求めた 建物価額 5,150万円	× ×	定額法の 償却率 0.022 ＝ 113万3000円

この金額は、1年間を通して所有していた場合の減価償却費です。

購入したのは2015年2月1日ですから、1年を通して所有していないため月数按分を行います。2015年2月1日～2015年12月31日の11カ月所有ということです。

売却時の2024年も7月31日までしか所有していないので月数按分を行います。2024年1月1日～2024年7月31日の7カ月所有となります。

まとめると以下のようになります。

---

① 2015年に計上する減価償却費

$$5{,}150万円 \times 0.022 \times \frac{11カ月}{12カ月} = 103万8583円$$

② 2016年～2023年の8年間に計上する減価償却費合計

$$5{,}150万円 \times 0.022 \times 8年 = 906万4000円$$

③ 2024年に計上する減価償却費

$$5{,}150万円 \times 0.022 \times \frac{7カ月}{12カ月} = 66万916円$$

④ ① ＋ ② ＋ ③ ＝ 1,076万3499円

この1,076万3499円という金額は、不動産所得を計算する上で各年の必要経費に算入されます。

▼ステップ3：建物の未償却残高を計算する

ステップ1で求めた建物価額から、ステップ2で計算した減価償却費を控除します。

5,150万円 － 1,076万3499円 ＝ 4,073万6501円

▼ステップ4：土地の取得価額と合計する

土地は減価償却しないので、売却時の取得費として、ステップ1で求めた5,160万円を使います。

取得費 ＝ 土地5,160万円 ＋ 建物未償却残高4,073万6501円
　　　 ＝ 9,233万6501円

会計上、売却時における土地の簿価と建物の簿価を合算した金額とイコールになります。

最後に、④ 譲渡費用です。

> 仲介手数料400万円 ＋ 収入印紙6万円 ＝ 406万円

抵当権抹消費用の2万円は、売却した年の不動産所得の必要経費に算入してください。

ここまでで、譲渡所得を計算するのに必要な項目が出そろいました。

> 譲渡所得 ＝ 　売却価額　 ＋固定資産税精算金－ 　　取得費　　 － 譲渡費用
> 譲渡所得 ＝ 1億2000万円 ＋ 　20万円　 － 9,233万6501円 － 406万円
> 　　　　　 ＝ 2,380万3499円

取得費の有利判定の考え方

先ほどの取得費の計算のステップ2について、もう1つの計算方法があります。先ほどは、収益不動産の売却を行った2024年の不動産所得に、2024年1月1日～2024年7月31日の7カ月分の減価償却費を計上しました。別の言い方をすると、2024年に物件を所有した7カ月分の減価償却費相当額を購入時の取得価額から控除したことになります。

しかし、**2024年1月1日～2024年7月31日の7カ月分の減価償却費を不動産所得の必要経費として計上しないこともできる**のです。

不動産所得の必要経費として減価償却費を計上しない場合、7カ月分の減価償却費相当額は購入時の取得価額から控除しないことになります。この方法を選択した場合、不動産所得に減価償却費を計上する場合と比べて、当然取得費の金額が大きくなります。

先ほどの例を使って計算してみましょう。

売却価額、固定資産税精算金、譲渡費用の金額は変わらず、取得費の金額だけが変わります。

▼ステップ1：購入時の土地建物価額に、付随費用を按分して加算する

土地5,160万円　建物5,150万円

▼ステップ2：建物の購入から売却までの減価償却費を計算する

2024年1月1日〜2024年7月31日の7カ月分の減価償却費は、不動産所得の必要経費として計上しません。

$$\begin{array}{l} \text{1年あたりの} \\ \text{建物の減価償却費} \end{array} = \begin{array}{c} \text{ステップ1で求めた} \\ \text{建物価額} \end{array} \times \begin{array}{c} \text{定額法の} \\ \text{償却率} \end{array}$$

5,150万円　×　0.022　= 113万3000円

① 2015年に計上する減価償却費

5,150万円 × 0.022 × $\dfrac{11\text{カ月}}{12\text{カ月}}$ = 103万8583円

② 2016年〜2023年の8年間に計上する減価償却費合計

5,150万円 × 0.022 × 8年　= 906万4000円

③ ① ＋ ② = 1,010万2583円

▼ステップ3：建物の未償却残高を計算する

ステップ1で求めた建物価額から、ステップ2で計算した減価償却費を控除します。

5,150万円 − 1,010万2583円 = 4,139万7417円

▼ステップ4：土地の取得価額と合計する

土地は減価償却しないので、売却時の取得費として、ステップ1で求めた5,160万円を使います。

> 取得費 ＝ 土地5,160万円 ＋ 建物未償却残高4,139万7417円
>   ＝ 9,299万7417円

譲渡所得を計算してみましょう。

> 譲渡所得 ＝   売却価額   ＋固定資産税精算金－   取得費   － 譲渡費用
> 譲渡所得 ＝1億2000万円 ＋   20万円   － 9,299万7417円 － 406万円
>   ＝ 2,314万2583円

　不動産所得に7カ月分の減価償却費を計上する場合と比べて、譲渡所得の金額が下がりました。

　減少した金額は2,380万3499円 － 2,314万2583円 ＝ 66万916円となり、7カ月分の減価償却費相当額と一致します。つまり、**売却した年の期首から売却月までの減価償却費相当額を、不動産所得の計算に反映させるか、譲渡所得の計算に反映させるか、という選択**です。

　このような有利選択は、マイホームの譲渡損益には一切出てきません。なぜなら、**マイホームは不動産所得との関連性がまったくない一方で、個人の収益不動産の場合には不動産所得との関連性がある**ためです。

図1-6 有利判定

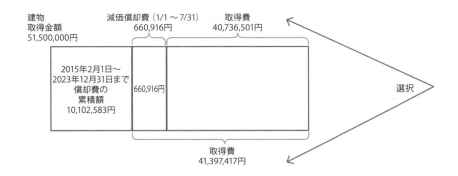

　この2つの方法は、**どちらを選択することもでき、納税者が有利なほうで申告を行ってよい**ことになっています。

　一般的に、不動産所得にかかる税率と譲渡所得にかかる税率を比べて、**不動産所得にかかる税率が高ければ、不動産所得に減価償却費を計上したほうが有利になりやすく、譲渡所得にかかる税率が高ければ、不動産所得に減価償却費を計上しないほうが有利になりやすい**です。

　不動産所得にかかる税率と譲渡所得にかかる税率を比べるというのは意味が分かりにくいと思いますので、図1-7を見てください。

図1-7 不動産所得と譲渡所得の税率

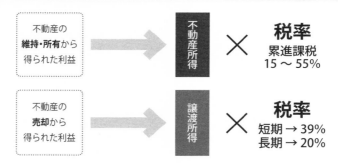

　不動産所得にかかる税率は累進課税のため15～55％の幅がある一方で、譲渡所得にかかる税率は短期か長期の2種類です。個人の場合は、不動産所得（総合課税）と譲渡所得（分離課税）の2種類に分けてから、それぞれに税率を掛けて納税額を求めます。

　例えば以下のようになります。

不動産所得にかかる税率40％　＞　譲渡所得にかかる税率20％ならば、
不動産所得に減価償却費を計上したほうが有利

不動産所得にかかる税率15％　＜　譲渡所得にかかる税率39％ならば、
不動産所得に減価償却費を計上しないほうが有利

譲渡所得にかかる税金を計算する

　ここまでは売却による利益（所得）の計算方法を見てきました。次に、先ほど計算した譲渡所得に税率を掛けて納付すべき税金を計算します。

　今回の例では2015年2月1日に購入して、2024年7月31日に売却していますので、所有期間5年超で長期譲渡所得になります。

　先ほどの2つの計算方法を比較する意味も含めて、それぞれ税額を計算してみます。2024年1月1日〜2024年7月31日の7カ月分の減価償却費を不動産所得の必要経費として計上する場合を「ケース1」とし、2024年1月1日〜2024年7月31日の7カ月分の減価償却費を不動産所得の必要経費として計上しない場合を「ケース2」とします。

　マイホームと違い、個人の収益不動産の売却は不動産所得との関連性があるため、不動産所得を含む総合課税の所得や所得控除の前提条件を加えます。

【総合課税される所得と所得控除の前提条件】
　・不動産所得、給与所得などの合計額（総合課税対象額）➡ 1,100万円
　（この不動産所得は、2024年1月1日〜2024年7月31日の7カ月分の減価償却費を必要経費として計上したあとの金額とする）
　・基礎控除、社会保険料控除などの所得控除額合計 ➡ 100万円

〈ケース1〉
2024年1月1日〜2024年7月31日の7カ月分の減価償却費を必要経費として計上する
① 総合課税される所得 ➡ 1,100万円
② 所得控除 ➡ 100万円
③ 総合課税される課税所得 ➡ 1,100万円 − 100万円 = 1,000万円

④ 総合課税の所得税 ➡ 1,000万円 × 33% − 153万6000円
= 176万4000円

図1-8より、課税される所得金額が900万円〜1,799万9000円の
範囲内にあるため、税率33%を掛けて、153万6000円を控除する

図1-8 所得税率

課税される所得金額	税率	控除額
1,000円 から 1,949,000円まで	5%	0円
1,950,000円 から 3,299,000円まで	10%	97,500円
3,300,000円 から 6,949,000円まで	20%	427,500円
6,950,000円 から 8,999,000円まで	23%	636,000円
9,000,000円 から 17,999,000円まで	33%	1,536,000円
18,000,000円 から 39,999,000円まで	40%	2,796,000円
40,000,000円 以上	45%	4,796,000円

⑤ 譲渡所得 ➡ 2,380万3499円 ➡ 1,000円未満を切り捨てし、
2,380万3000円
⑥ 譲渡所得税 ➡ ⑤ × 15% ➡ 2,380万3000円 × 15%
= 357万450円
⑦ 合計所得税 ➡ ④ + ⑥ ➡ 533万4450円
⑧ 復興特別所得税 ➡ ⑦ × 2.1% ➡ 533万4450円 × 2.1%
= 11万2023円
⑨ 所得税納税額 ➡ ⑦+⑧ ➡ 544万6473円 ➡ 100円未満を切り捨てし、
544万6400円
⑩ 総合課税される住民税 ➡ ③ × 10% ➡ 1,000万円 × 10%
= 100万円
⑪ 譲渡所得に対する住民税 ➡ ⑤ × 5% ➡ 2,380万3000円 × 5%
= 119万150円
⑫ 住民税納税額 ➡ ⑩+⑪ ➡ 219万150円 ➡ 100円未満を切り捨てし、
219万100円
⑬ 所得税・住民税の総合計 ➡ ⑨ + ⑫ ➡ 763万6500円

〈ケース2〉

2024年1月1日〜 2024年7月31日の7カ月分の減価償却費を必要経費として計上しない

① 総合課税される所得 ➡ 1,166万916円

必要経費として計上しないので、その分、総合課税される所得金額がアップする

② 所得控除 ➡ 100万円

③ 総合課税される課税所得 ➡ 1,166万916円 − 100万円

= 1,066万916円

➡ 1,000円未満を切り捨てし、1,066万円

④ 総合課税の所得税 ➡ 1,066万円 × 33% − 153万6000円

= 198万1800円

⑤ 譲渡所得 ➡ 2,314万2583円 ➡ 1,000円未満を切り捨てし、

2,314万2000円

⑥ 譲渡所得税 ➡ ⑤ × 15% ➡ 2,314万2000円 × 15%

= 347万1300円

⑦ 合計所得税 ➡ ④ + ⑥ ➡ 545万3100円

⑧ 復興特別所得税 ➡ ⑦ × 2.1% ➡ 545万3100円 × 2.1%

= 11万4515円

⑨ 所得税納税額 ➡ ⑦+⑧ ➡ 556万7615円 ➡100円未満を切り捨てし、

556万7600円

⑩ 総合課税される住民税 ➡ ③ × 10% ➡ 1,066万円 × 10%

= 106万6000円

⑪ 譲渡所得に対する住民税 ➡ ⑤ × 5% ➡ 2,314万2000円 × 5%

= 115万7100円

⑫ 住民税納税額 ➡ ⑩ + ⑪ ➡ 222万3100円

⑬ 所得税・住民税の総合計 ➡ ⑨ + ⑫ ➡ 779万700円

「ケース1」の所得税・住民税合計	➡	763万6500円
「ケース2」の所得税・住民税合計	➡	779万 700円
納 税 額 差 異	➡	15万4200円

　両方のケースを計算してみると、「ケース1」の計算方法をとったほうが納税額が少ないことが分かります。これは、不動産所得などの総合課税にかかる税率が「所得税33％ ＋ 住民税10％ ＝ 43％」であるのに対し、譲渡所得にかかる税率が「所得税15％ ＋ 住民税5％ ＝ 20％」と低いことが理由になります。不動産所得などの総合課税にかかる税率が高いわけですから、不動産所得に減価償却費を計上して総合課税の所得を圧縮したほうが有利になる、ということです。

　このように、**個人の収益不動産の譲渡所得の計算を行う場合には、2通りのケースで納税額を計算し、納税額が少ない有利な方法を選択する**ことを忘れないようにしてください。

　年の途中で売却し12月31日まで所有していない物件については、実は減価償却しないことが所得税法の「原則」になります。ただし、所得税法基本通達49-54の中で、「不動産所得などの必要経費に算入しても差し支えないものとする」と規定されているため有利なほうを選択できるのです。

1-3 法人で収益不動産を売却したときの売却損益

法人で収益不動産を売却した場合の売却損益の計算方法を見ていきます。個人と法人では、所得区分の概念、取得費の概念、税率が大きく違うところに注目してください。

☑ 法人で収益不動産を売却した場合の売却損益の計算方法を理解する。
☑ 所得区分、取得費、税率の違いをおさえる。

法人と個人の大きな違い

　不動産賃貸業を法人で行っている場合も、個人の収益不動産の売却損益の計算の仕方と大きな考え方は同じですが、違う部分がいくつかあります。

　法人で収益不動産を売却したときは、法人税法上、法人の所得として計算されます。そもそも、不動産賃貸業を行う法人の所得は以下のように構成されています。

① 収益不動産からの収入（売上） － 不動産賃貸業に関連した支出（経費） ＝ 賃貸業による所得

② 収益不動産の売却収入（売上） － 売却に関連した支出（経費） ＝ 売却による所得

③ ① ＋ ② ＝ その事業年度の法人の所得

　個人の不動産賃貸業の場合は、①に相当する所得が「不動産所得」で、②に相当する所得が「譲渡所得」というように所得区分が分かれていましたが、法人の場合には③のとおり、区分することなく、それらを合算して法人の所得となります。

　この①と②のうち、②の売却による所得の計算方法に焦点を当てます。

法人の不動産売却による所得は、売上から経費を差し引くと書いたとおり、結局は個人の収益不動産の売却損益の計算方法と大枠は同じになります。

$$\text{不動産売却による法人の所得} = \text{売却価額} + \text{固定資産税精算金} - \text{取得費} - \text{譲渡費用}$$

売却価額と固定資産税精算金の考え方は個人の場合と一緒ですが、法人の収益不動産では、取得費に含める付随費用の考え方が個人と若干変わります。

法人の場合、物件購入時の付随費用は以下の3つに分かれます。

A:【必ず 取得費 に含めるもの】
・購入時に支払った固定資産税精算金
・購入時の仲介手数料
・購入にあたって支払った立ち退き料、移転料

B:【必ず、賃貸業による所得の計算上の 経費 に含めるもの】
・購入時の売買契約書に貼付した収入印紙
　➡ 不動産賃貸業に関連した支出(経費)にする

C:【賃貸業による所得の計算上、経費 に含めてもよいし、取得費 に含めてもよいもの】
・登録免許税
・司法書士報酬
・不動産取得税
　➡ 任意で選択できる

　AとBは、個人の収益不動産の売却による場合と取り扱いが同じですが、**Cについては、個人は支出した年の不動産所得の必要経費として計上することが必須である一方、法人は任意**です。ここが最大の違いになります。これを一覧にまとめたのが図1-9です。

図1-9 個人と法人の違い

	個人	法人
固定資産税精算金	資産	資産
仲介手数料	資産	資産
登録免許税	費用	資産 or 費用
司法書士報酬	費用	資産 or 費用
不動産取得税	費用	資産 or 費用

　最後に譲渡費用ですが、これは売却時に支払った仲介手数料や売買契約書に貼付した収入印紙代に加えて、抵当権抹消にかかる費用も含めてください。抵当権抹消にかかる費用について、個人の収益不動産の場合は所得区分の違う不動産所得の経費にすることが必須でしたが、法人の場合は所得区分が異なりませんので譲渡費用に含めて計算します。

収益不動産の売却による所得を計算する

　法人の場合も実際に計算してみましょう。法人の場合は、Cの費用の処理の仕方で取得費が大きく変わりますので、ⅰ「賃貸業による所得の計算上、経費に含めた場合」と、ⅱ「取得費に含めた場合」に分けて説明します。

　まずは前提条件を確認してください。これまでとの違いは、法人の決算期が追加されたことのみです。

【前提条件】

〈購入時の詳細〉

・法人での購入。法人の決算期は12月末

・購入日 ➡ 2015年2月1日

・築年数 ➡ 新築

・構造 ➡ 鉄筋コンクリート造（耐用年数47年）

・購入価額 ➡ 土地5,000万円、建物5,000万円

・固定資産税精算金 ➡ 10万円（土地分）

・仲介手数料 ➡ 300万円

・購入にあたって支払った立ち退き料、移転料 ➡ 0円

・売買契約書に貼付した収入印紙 ➡ 3万円

・登録免許税 ➡ 40万円

・司法書士報酬 ➡ 17万円

・不動産取得税 ➡ 30万円

〈売却時の詳細〉

・売却日 ➡ 2024年7月31日

・売却価額 ➡ 土地6,000万円、建物6,000万円

・固定資産税精算金 ➡ 20万円（土地建物分）

・仲介手数料 ➡ 400万円

・売買契約書に貼付した収入印紙 ➡ 6万円

・抵当権抹消登記費用 ➡ 2万円

$$\underset{①}{\text{不動産売却による}\atop\text{法人の所得}} = \underset{①}{\text{売却価額}} + \underset{②}{\text{固定資産税}\atop\text{精算金}} - \underset{③}{\text{取得費}} - \underset{④}{\text{譲渡費用}}$$

① 売却価額 ➡ 1億2000万円

② 固定資産税精算金 ➡ 20万円

③ 取得費は、以下の2通りに分かれます。

i「賃貸業による所得の計算上、経費に含めた場合」

　購入時の固定資産税精算金と仲介手数料は必ず取得費に含め、収入印紙、登録免許税、司法書士報酬、不動産取得税は支出した事業年度の法人の経費として計上することになりますので、個人の収益不動産で説明した図1-5の按分表（27ページ）と同じになります。

　また、取得費計算のステップ2〜ステップ4についても個人と同じ計算方法となるため、ⅰの場合の取得費は、土地5,160万円 ＋ 建物未償却残高4,073万6501円 ＝ 9,233万6501円になります。

ii「取得費に含めた場合」

▼ステップ1：購入時の土地建物価額に、付随費用を按分して加算する

　図1-10を見てください。

図1-10 按分表

取得価額

内容	税込
土地建物総額	100,000,000
固定資産税精算金（土地分）	100,000
仲介手数料	3,000,000
収入印紙	0
登録免許税	400,000
司法書士報酬	170,000
不動産取得税	300,000
取得価額合計	103,970,000

売買契約書記載金額

	評価額	割合
建物	50,000,000	50%
土地	50,000,000	50%
合計	100,000,000	100%

売買契約書の金額による按分

内容	土地	建物	合計
	50%	50%	100%
土地建物総額	50,000,000	50,000,000	100,000,000
固定資産税精算金	100,000	0	100,000
仲介手数料	1,500,000	1,500,000	3,000,000
収入印紙	0	0	0
登録免許税	200,000	200,000	400,000
司法書士報酬	85,000	85,000	170,000
不動産取得税	150,000	150,000	300,000
取得価額合計	52,035,000	51,935,000	103,970,000

購入時の収入印紙以外の固定資産税精算金、仲介手数料、登録免許税、司法書士報酬、不動産取得税を取得価額に加算します。そうすると、土地は5,203万5000円、建物は5,193万5000円となります。

▼ステップ2:建物の購入から売却までの減価償却費を計算する

以下の計算式で減価償却費を計算します。

1年あたりの 建物の減価償却費	=	ステップ1で求めた 建物価額	×	定額法の 償却率

償却率は、建物の耐用年数に対応する定額法の償却率を使います。

今回の建物は新築の鉄筋コンクリートですので、法定耐用年数は47年になります。法定耐用年数47年の定額法の償却率は「0.022」です。

1年あたりの 建物の減価償却費	=	ステップ1で求めた 建物価額 5,193万5000円	× ×	定額法の 償却率 0.022	= 114万2570円

この金額は、1年間を通して所有していた場合の減価償却費です。

購入したのは2015年2月1日ですから、1年を通して所有していないため月数按分を行います（2015年2月1日〜2015年12月31日の11カ月所有）。

売却時の2024年も7月31日までしか所有していないので月数按分を行います（2024年1月1日〜2024年7月31日の7カ月所有）。

まとめると以下のようになります。

① 2015年に計上する減価償却費
  5,193万5000円 × 0.022 × $\dfrac{11カ月}{12カ月}$ = 104万7355円

② 2016年〜2023年の8年間に計上する減価償却費合計
  5,193万5000円 × 0.022 × 8年 = 914万560円

③ 2024年に計上する減価償却費

$$5,193万5000円 \times 0.022 \times \frac{7カ月}{12カ月} = 66万6499円$$
④ ① + ② + ③ = 1,085万4414円

　この**1,085万4414円という金額は、法人の賃貸業による所得を計算する上で各事業年度の経費に算入**されます。

▼**ステップ3：建物の未償却残高を計算する**

　ステップ1で求めた建物価額から、ステップ2で計算した減価償却費を控除します。

5,193万5000円 − 1,085万4414円 = 4,108万586円

▼**ステップ4：土地の取得価額と合計する**

　土地は減価償却しないので、売却時の取得費として、ステップ1で求めた5,203万5000円を使います。

取得費 ＝ 土地5,203万5000円 ＋ 建物未償却残高4,108万586円
　　　 ＝ 9,311万5586円

　会計上、売却時における土地の簿価と建物の簿価を合算した金額とイコールになります。

　④ 譲渡費用は以下のようになります。

仲介手数料　　収入印紙　　抵当権抹消費用
400万円　＋　6万円　＋　　2万円　　＝　　408万円

　ここまでで、売却による法人の所得を計算するのに必要な項目が出そろいましたので、ⅰの取得費の場合とⅱの取得費の場合で計算してみましょう。

i「賃貸業による所得の計算上、経費に含めた場合」
売却による法人の所得 ＝

　　売却価額　＋ 固定資産税精算金 －　　　取得費　　 － 譲渡費用
　1億2000万円 ＋　　　20万円　　 － 9,233万6501円 － 408万円
　＝ 2,378万3499円

---

ii「取得費に含めた場合」
売却による法人の所得 ＝

　　売却価額　＋ 固定資産税精算金 －　　　取得費　　 － 譲渡費用
　1億2000万円 ＋　　　20万円　　 － 9,311万5586円 － 408万円
　＝ 2,300万4414円

---

i「賃貸業による所得の計算上、経費に含めた場合」 ➡ 2,378万3499円
ii「取得費に含めた場合」　　　　　　　　　　　 ➡ 2,300万4414円
　　　　売　却　益　差　異　　　　　　　　　 ➡ 　　77万9085円

　このように、法人の場合は、登録免許税や不動産取得税といった付随費用を一括で経費に落としてしまうか取得費に含めるかによって、売却時の利益の計算に影響を及ぼします。

　どちらがよいということではなく、ケースバイケースとなりますので一概にはいえませんが、**決算書の見栄えをよくできて、将来の売却時の利益を圧縮したいと考えているのであれば、iiを選択するほうがよい**でしょう。

　また、取得費の計算上、各事業年度に経費計上される減価償却費を計算し、それを購入時の取得価額から控除しましたが、**法人に限っては減価償却費の計上についても任意となります。各事業年度において減価償却費を計上しなかったとすると、売却時における取得費の金額は大きくなりますので、売却益も圧縮される**ことになります。この点に関しては、拙著『不動産投資の税金を最適化「減価償却」節税バイブル』（技術評論社）に詳細な解説がありますので、興味がある方はご覧ください。

売却による所得にかかる税金を計算する

　先ほど計算した売却による法人の所得に対して、どれくらいの税金がかかるのかを見ていきます。

　個人のマイホームや個人の収益不動産の場合は、物件を所有した期間（5年以下・5年超）によって税率が大きく変わりましたが、**法人は物件の所有期間によって税率が変わることはありません。**

　法人の場合は、37ページに示した以下の① ＋ ②の合計所得に対して税率が掛けられます。

① 収益不動産からの　　　不動産賃貸業に関連した　　　賃貸業による
　　収入（売上）　　ー　　　　支出（経費）　　　＝　　　　所得

② 収益不動産の　　　　　　　売却に関連した　　　　　　売却による
　　売却収入（売上）　ー　　　　支出（経費）　　　＝　　　　所得

③ ① ＋ ② ＝ その事業年度の法人の所得

　今回は②の売却による所得しか計算していませんので、③の全体の所得は分かりませんが、③の金額が確定した場合に、どれくらいの税率が課されるのか見ておきます。

図1-11 法人の実効税率

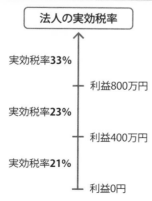

図1-11は、法人の所得金額によっておおよそ何％の税率がかかるかを示したものです。所得金額（利益）により3段階に分かれます。

所得金額　400万円以下　　　　　➡ 所得金額 × 21% = 法人税等
所得金額　400万円超～800万円以下 ➡ 所得金額 × 23% = 法人税等
所得金額　800万円超　　　　　　➡ 所得金額 × 33% = 法人税等

法人税等とは、法人税・住民税・事業税のことをいいます。

例えば、所得金額400万円の場合は400万円 × 21% = 84万円が法人税等として発生し、所得金額1,000万円の場合は1,000万円 × 33% = 330万円が法人税等として発生することになります。

仮に、法人のその事業年度の所得が、先ほど計算した以下のみだったとします。

i「賃貸業による所得の計算上、経費に含めた場合」➡ 2,378万3499円

この場合、所得金額800万円超になりますので、2,378万3499円 × 33% = 784万8554円が概算の法人税等となります。

法人の場合、物件購入時の付随費用や減価償却費について任意に選択できることが多いです。個人に比べて自由度が上がりますが、逆にいうと、経営者として先を見通した判断が重要になるということです。

1-4 売却損益と CFの関係

売却損益の計算方法と、売却に伴うキャッシュフロー（CF）の計算方法の類似点と相違点を理解しましょう。マイホームの売却に比べると収益不動産の売却では考慮すべき点が増えますので注意してください。

☑ 売却損益とCFの類似点、相違点を理解する。
☑ 収益不動産に特有の注意点について理解する。

売却益とCFはイコールではない

　ここまで、個人・法人ともに売却益の計算の仕方を説明してきました。この売却益は、あくまでも売却益に対する納税額を求めるために計算したものです。ですので、**売却益 ＝ 売却による手残り（CF）、ではありません**。なぜなら、売却益を計算する際、売却価額に固定資産税精算金を足して取得費を控除しましたが、この**取得費は売却時にキャッシュアウトするものではない**からです。**取得費を構成する金額は、購入時にキャッシュアウトしているわけですから、売却時の手残りを計算する上ではまったく関係がない**のです。

　それでは、売却による手残り（CF）をどのように計算するかを説明していきます。以下に計算式を示します。

売却による手残り（CF）	＝	売却価額	＋	固定資産税精算金	－	借入金残債額	－	譲渡費用	－	売却による税金

この計算式が、CFを求める基本的な公式になります。

売却益の計算と変わるのが、**取得費ではなく借入金残債額になるという点と、売却による税金が追加された点**です。

それ以外の売却価額や固定資産税精算金は実際にキャッシュインがありますし、譲渡費用についてもキャッシュアウトを伴います。

もちろん、売却時点において借入金の残債や税金がゼロであれば控除する必要はありません。

ここでは、個人のマイホーム、個人の収益不動産、法人の収益不動産についてCFの計算をしていきましょう。カテゴリーとして「個人のマイホーム」と「個人・法人の収益不動産」に分けられるので、それぞれを計算することにします。

個人がマイホームを売却した場合のCF

まずは前提条件を確認してください。借入金残債額と納税額を追記しています。

【前提条件】

〈売却時の詳細〉

- ・売却日 ➡ 2024年7月31日
- ・売却価額 ➡ 土地6,000万円、建物6,000万円
- ・固定資産税精算金 ➡ 20万円（土地建物分）
- ・仲介手数料 ➡ 400万円
- ・売買契約書に貼付した収入印紙 ➡ 6万円
- ・抵当権抹消登記費用 ➡ 2万円
- ・借入金残債額 ➡ 7,500万円
- ・長期譲渡所得による所得税 + 住民税 ➡ 369万200円

この条件を以下の計算式に当てはめていきます。

売却による手残り（CF）=

売却価額	+	固定資産税 精算金	-	借入金 残債額	-	譲渡費用	-	売却による税金

1億2000万円 ＋ 20万円 － 7,500万円 － 408万円 － 369万200円

＝ 3,742万9800円

　譲渡費用は、仲介手数料 ＋ 収入印紙 ＋ 抵当権抹消費用の合計値になります。抵当権抹消費用は売却益の計算上は譲渡費用になりませんでしたが、CFの計算上ではキャッシュアウトしていますので含むことになります。

　これが基本的な計算となりますが、これ以外にキャッシュイン・キャッシュアウトする可能性があるものを以下に記載します。

▼① 金融機関に対する繰上返済の違約金

　5年固定や全期間固定など固定金利で借りている場合で、売却と連動してローンを繰上返済すると、そのときに違約金を取られる場合が多くあります。一方で、フラット35のように固定金利であっても違約金が発生しない場合や、逆に変動金利でも違約金がかかる金融機関もあります。

　また、固定金利の違約金の計算方法も、「繰上返済する元本金額に対して2～5％」とする場合や、再運用することを想定した別の計算式を用いる場合などがあり、金融機関によって様々なので確認が必要になります。

　もし違約金が発生する場合はキャッシュアウトになりますので、先ほど計算した金額から違約金を控除しなければなりません。

▼② 火災保険の解約返戻金相当額

　購入時に建物の火災保険に加入し、保険料を年払いではなく、長期一括払いとして5年や10年分を前払いするケースがあります。このように**将来の分を前払いしていた場合には、未経過分について解約返戻金相当額が返金**されてきます。

　この場合にはキャッシュインになりますので、先ほど計算した金額に解

約返戻金相当額を加算しなければなりません。

▼③ 住宅ローン保証料の返金

　住宅ローンを借りる際に保証料の支払いをしなければならない場合、支払い方法は「一括前払い型」と「利息組み込み型」の2種類があります。**一括前払い型を利用した場合は、支払った保証料が返金されることがあります。この場合にはキャッシュインになりますので、先ほど計算した金額に保証料返金額を加算**しなければなりません。

▼④ 各種の譲渡費用

- ・土地などを売るために、その上の建物を取り壊したときの取り壊し費用
- ・すでに売買契約を締結している資産をさらに有利な条件で売るために支払った違約金（例えば土地などを売る契約をしたあと、その土地などをより高い価額でほかに売却するために、既契約者との契約解除に伴い支出した違約金など）
- ・借地権を売るときに地主の承諾をもらうために支払った名義書換料など

　これらが発生する場合は譲渡費用にもなりますので売却益が減少することになりますが、同時にキャッシュアウトも伴います。

個人・法人が収益不動産を売却した場合のCF

　収益不動産を売却した場合のCFは、売却による税金以外は個人も法人も同じになります。

　まずは前提条件を確認してください。借入金残債額と納税額を追記しています。

【前提条件】
〈売却時の詳細〉
- ・売却日 ➡ 2024年7月31日
- ・売却価額 ➡ 土地6,000万円、建物6,000万円

- 固定資産税精算金 ➡ 20万円（土地建物分）
- 仲介手数料 ➡ 400万円
- 売買契約書に貼付した収入印紙 ➡ 6万円
- 抵当権抹消登記費用 ➡ 2万円
- 借入金残債額 ➡ 7,500万円
- 長期譲渡所得による所得税 + 住民税 ➡ 476万600円

33ページの〈ケース1〉2024年1月1日～2024年7月31日の7カ月分の減価償却費を必要経費として計上した場合の譲渡所得2,380万3499円を採用（譲渡所得税357万450円 + 住民税119万150円）

- 売却の所得に対する法人税等 ➡ 784万8554円

44ページのi「賃貸業による所得の計算上、経費に含めた場合」の売却所得2,378万3499円を採用（2,378万3499円×33%＝784万8554円）

この条件を以下の計算式に当てはめていきます。

【個人の収益不動産】
売却による手残り（CF）=

売却価額 + 固定資産税精算金 − 借入金残債額 − 譲渡費用 − 売却による税金

1億2000万円 + 20万円 − 7,500万円 − 408万円 − 476万600円
= 3,635万9400円

【法人の収益不動産】
売却による手残り（CF）=

売却価額 + 固定資産税精算金 − 借入金残債額 − 譲渡費用 − 売却による税金

1億2000万円 + 20万円 − 7,500万円 − 408万円 − 784万8554円
= 3,327万1446円

個人と法人を同じ物件で比較し、売却益もほぼ同じですが、**税金の違いによりCFがまったく違う**ことが分かります。これは、**個人は長期譲渡の**

場合、所得税と住民税の合計で税率が**20%**で収まるのに対し、法人税等の税率は**33%**となってしまうことが大きな原因です。

これが基本的な計算となりますが、これ以外にキャッシュイン・キャッシュアウトする可能性があるものを以下に記載します。

▼ ① 金融機関に対する繰上返済の違約金、
　　② 火災保険の解約返戻金相当額、③ 各種の譲渡費用

これらはマイホームの場合と同じです。

▼ ④ 収益不動産を売るため、賃借人に家屋を明け渡してもらうときに
　　支払う立ち退き料

これは、マイホームの売却時には発生しないものです。**もし立ち退き料が発生する場合は譲渡費用にもなりますので売却益が減少することになりますが、同時にキャッシュアウトも伴います。**

▼ ⑤ 収益不動産の賃借人から預かっている預り保証金（敷金）

これも、マイホームの売却時には発生しないものです。敷金や保証金は、賃借人が退去するときに賃貸人が賃借人に対して返還しなければならない債務です。

この返還債務は、所有権の移転に伴って売主から買主に引き継がれます。売主の返還債務はなくなり、買主は新たに返還債務を負うことになります。

この保証金をどのようにするかは、関東エリアと関西エリアで習慣が異なります。

【関東エリア（金銭の授受あり）】

売主は買主に対し、売却と同時に預り保証金（敷金）相当額を支払います。そのため、この支払いがある場合はキャッシュアウトになりますので、先ほど計算した金額から保証金相当額を控除しなければなりません。

【関西エリア（金銭の授受なし）】

売主は買主に対し、預り保証金（敷金）相当額を支払いません。

一般的に、「敷金持ち回り」とか「敷金債務持ち回り」といわれます。売主から買主に敷金相当額の金銭の授受はないのですが、買主は入居者に敷金を返還する義務を引き継ぐ、という意味になります。

この場合、売主側では、敷金相当額を売却損益の計算上、収入として計上します。

つまり、個人の収益不動産であれば、譲渡所得がその分増加することになります。結果、納税額が増えることになりますのでCFが減少します。

敷金相当額が収入になることの根拠は、**敷金・保証金の返還債務を免れる利益は土地建物の譲渡にかかる「収益の額」ないし「総収入金額」に含まれる経済的利益に該当する**、という判例です。

一方、**敷金持ち回りで購入した買主は、敷金相当額を取得価額に算入する**ことになっています。

▼ ⑥ 売却に伴う建物の消費税の納税

これに関しても、マイホームの売却時には発生しないものです。**消費税は事業として行う取引に対して課税**されますので、マイホームはいくらで売却しても何度売却しても消費税とは無縁です。

個人・法人を問わず収益不動産の場合は事業としての取引に該当しますので、建物代金に含まれている消費税を納税しなければならないケースがあります。

今回の例でいうと、

・売却価額 ➡ 土地6,000万円、建物6,000万円

となっていますので、建物6,000万円に含まれている消費税約545万円のうち、いくらか納税になるかもしれないということです。

消費税を納税しなければならないかどうかは、売却した事業年度（法人）や売却した年（個人）において消費税の課税事業者かどうかで判断が分かれます。

　消費税の免税事業者であれば、この⑥は一切考慮しなくて問題ありません。

　問題は売却した事業年度において課税事業者か否かですが、これに関しては第4章で詳しく説明します。また、納税義務だけでなく、納税額の計算方法についても説明していきますので、今は消費税の納税の可能性がある、くらいの理解で大丈夫です。

消費税が発生する場合はキャッシュアウトになります。先ほど計算した金額から消費税を控除しなければなりませんので手残りが減少することになります。

売却時に、

残債	＞	売却価額	＞	簿価
2,500万円	＞	2,000万円	＞	500万円

といった状況は手残りがない上に税金も発生します。

残債	≦	売却価額	≦	簿価
500万円	≦	2,000万円	≦	2,000万円

このような状況を目指せると理想的ですね。

中古木造アパートは
2000年以降のものを購入しよう

　RCや重量鉄骨造のマンションは建築コストがかさむため、ローコストの木造アパートが多く存在します。ここでは、2016年に起きた熊本地震から分かる木造住宅の耐震性について紹介します。

　林野庁のホームページによると、建築基準法における現行の耐震基準（2000年以降）では、震度6強〜7に達する程度の大規模地震でも倒壊・崩壊するおそれのない建築物とすることを定めている、としています。では、実際の地震による木造建築の損害状況はどうだったのでしょうか。

　熊本地震では、2回の最大震度7の地震を含め、震度6弱以上を観測する地震が計7回発生しました。大きな余震が何度も発生したわけです。

図1-12 ▶ 建築時期別の地震被害状況（木造）

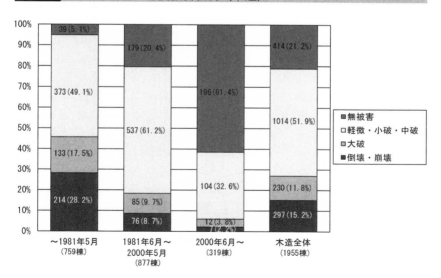

出典：熊本地震における建築物被害の原因分析を行う委員会 報告書
https://www.mlit.go.jp/report/press/house05_hh_000633.html

　図1-12を見ると、残念ながら現行の耐震基準（2000年以降）でも、約6％の割合で大破や倒壊・崩壊が発生しています。このことは、新しい木造アパートでも地震により全損になる可能性があることを示しています。また、要因として地盤変状、隣棟の衝突、蟻害などが見られたとされており興味深いと思います。

　現行の耐震基準（2000年以降）であっても、木造アパートは地震に弱い部分があることがうかがえますが、ではRCであれば地震に強いのでしょうか。
　この点については、図1-13の点線で囲った部分を見てもらえば一目瞭然です。

図1-13　構造別、建築時期別の地震被害状況

構造	建築物の被害レベル	建築時期			総計
		〜1981年5月	1981年6月〜2000年5月	2000年6月〜	
木造	無被害	39（5.1%）	179（20.4%）	196（61.4%）	414（21.2%）
	軽微・小破・中破	373（49.1%）	537（61.2%）	104（32.6%）	1,014（51.9%）
	大破	133（17.5%）	85（9.7%）	12（3.8%）	230（11.8%）
	倒壊・崩壊	214（28.2%）	76（8.7%）	7（2.2%）	297（15.2%）
	小計	759（100.0%）	877（100.0%）	319（100.0%）	1,955（100.0%）
S造	無被害	26（45.6%）	83（54.2%）	49（74.2%）	158（57.2%）
	軽微・小破・中破	22（38.6%）	55（35.9%）	14（21.2%）	91（33.0%）
	大破	5（8.8%）	10（6.5%）	2（3.0%）	17（6.2%）
	倒壊・崩壊	4（7.0%）	5（3.3%）	1（1.5%）	10（3.6%）
	小計	57（100.0%）	153（100.0%）	66（100.0%）	276（100.0%）
RC造	無被害	5（33.3%）	33（89.2%）	0（ー）	38（73.1%）
	軽微・小破・中破	8（53.3%）	4（10.8%）	0（ー）	12（23.1%）
	大破	0（0.0%）	0（0.0%）	0（ー）	0（0.0%）
	倒壊・崩壊	2（13.3%）	0（0.0%）	0（ー）	2（3.8%）
	小計	15（100.0%）	37（100.0%）	0（ー）	52（100.0%）

出典：熊本地震における建築物被害の原因分析を行う委員会 報告書
https://www.mlit.go.jp/report/press/house05_hh_000633.html

　建築時期が新耐震基準（1981年6月〜2000年5月）であった場合でも、大破、倒壊・崩壊はゼロ件であることが分かります。やはりRC構造は地震に強いということです。

　次に、S造（鉄骨造）と木造だと、どちらが地震に強いかを見てみたいと思います。建築時期が新耐震基準（1981年6月〜2000年5月）の場合には、S造のほうが地震被害が少ないことが分かります。しかし、現行の耐震基準（2000年以降）では、図1-13の実線で囲った部分の木造とS造を比較すると、ほぼ互角の割合となっています。

　これは阪神・淡路大震災における被害などを受けて2000年に木造住宅の基礎の仕様や接合部の仕様、壁配置のバランスのチェックなど、同震災の被害調査で指摘された箇所への対策が明確化されたことの成果といえるでしょう。

　まとめると、地震に対してやはりRC構造は強いということ、地震が心配される場所では、中古木造アパートは2000年以降のものを購入したほうがよさそうである、となります。

物件を購入する際に新耐震基準か旧耐震基準かを見分けるには、建物の「建築確認日」を確認します。

「建築確認」では、建築主が工事に着手する前に確認検査機関に「確認申請書」を提出し、その計画が建築基準法などの基準に適合していることの確認を受けます。新耐震基準が制定されたのは1981年ですが、建物が竣工した年が1981年でも、建築確認日が旧耐震基準の1980年である可能性もあるため注意が必要です。

第 **2** 章

売却判断の基本

基礎編

今すぐ売却した場合の CFで判断する

個人・法人を問わず比較的簡単な計算で売却判断をする方法について説明します。また、売却の判断で一番重要となる売却価額についてもリアルな情報をお伝えします。

☑ 所有中のCFと売却のCFを計算することで判断する。
☑ リアルな統計結果をもとに売却価額の重要性を認識する。

売却のタイミングを判断する指標

　不動産賃貸業は、物件所有中のCFが多く、投資として成り立っていたとしても、売却時には結果的に損をしてしまう可能性もあります。**不動産賃貸業は、最終的に売却しなければトータルの利益（儲け）は確定しません。**

　ということは、「いかにうまく売却できるか」「いかによいタイミングで売却できるか」ということが重要になってきます。となると、「では、いつ売却したらいいのか？」という悩みが必ず出てきます。私自身も常に売却のタイミングが気になりますし、私が所属する税理士法人のクライアントや大家さん仲間と話しても売却に悩んでいる方がとても多いです。

　このような悩みに少しでも応えるために、売却のタイミングを判断できる指標をいくつか紹介します。

　まずは指標の1つ目として、個人・法人を問わず簡単に計算できるものから話を始めます。

何年分のCFを前倒しで得られるか

　1つ目の指標は、仮に**今すぐに売却した場合で、その売却により得られるCFが、将来入ってくるであろう毎年のCFの何年分に相当するか**、というものです。

私が所有している物件を例に、実際に計算してみることにします。物件概要と所有中のCFを以下で確認してください。

【物件概要】

・法人での購入。1棟アパート

・当初購入価額　　➡　5,000万円
　　　　　　　　　　　（内訳：土地1,100万円、建物3,900万円）

・構造　　　　　　➡　木造2階建て

・年間満室家賃収入　➡　500万円（表面利回り10%）
　購入当初から現在まで家賃下落はゼロ

・総戸数　　　　　➡　8戸

・現在の築年数　　➡　築9年

・所有期間　　　　➡　9年（新築で購入）

・当初借入金額　　➡　5,100万円

・借入期間　　　　➡　25年

・借入利率　　　　➡　1.1%（変動金利）

・返済方法　　　　➡　元利均等返済

・自己資金　　　　➡　物件購入諸費用として100万円

A:【所有中のCF】

① 家賃収入　　　　　　　　　　500万円

② 固定資産税　　　　　　　　　30万円

③ 管理費　　　　　　　　　　　30万円

④ 修繕費　　　　　　　　　　　10万円

⑤ 水道光熱費　　　　　　　　　2万円

⑥ 火災保険・地震保険　　　　　1万円

⑦ 広告宣伝費　　　　　　　　　11万円

⑧ インターネット費用　　　　　6万円

⑨ 費用合計　　　　　　　　　　90万円

⑩ 純収益（①-⑨）　　　　　　410万円

⑪ 元金返済　　　　　　　　　　190万円

⑫ 支払利息		40万円
⑬ 減価償却費		177万円
⑭ 法人所得（⑩－⑫－⑬）		193万円
⑮ 法人税等（⑭×21％）		40万円
⑯ 税引後CF（⑩－⑪－⑫－⑮）		140万円

　9年目が終了した時点で、「今すぐ売却する」とした場合の売却のCFを計算してみます。

　売却CFを計算するにあたり、**一番重要なのは「売却価額」**です。売却価額次第で売却時のCFはまったく変わるわけですから、売却価額をいくらと想定するのかが一番肝心であり、一番の悩みどころとなります。

　私の主観的な数値ではなく、市場で実際に売買されているリアルな数値を使って計算を行うほうが有意なのは明らかです。

　今回、ブルー・ソリューションズ株式会社から図2-1の統計結果を提供してもらいました。ブルー・ソリューションズ株式会社は、不動産投資家のために収益不動産情報を収集・分析・配信している企業です。

図2-1 築年数と売却利回りの相関図（全国）

築年数と利回り（年）

築年数	全体	RC造	鉄骨造	木造
	利回り（％）	利回り（％）	利回り（％）	利回り（％）
0～5年	7.2	6.0	6.7	7.4
6～10年	7.3	6.3	6.8	7.5
11～15年	8.0	7.0	7.9	8.3
16～20年	8.6	7.5	8.7	9.1
21～25年	9.6	8.1	9.5	10.5
26～30年	10.0	8.5	9.6	11.0
31～35年	10.0	8.8	9.8	11.1
36～40年	10.8	9.5	10.5	11.7
41～45年	11.8	10.7	11.4	12.4
46～50年	12.4	11.5	11.7	12.8
51～100年	13.1	11.5	11.9	13.3

※ 全体の利回りは構造不明を含めた利回りのため、RC、鉄骨、木造の平均値にはならない。

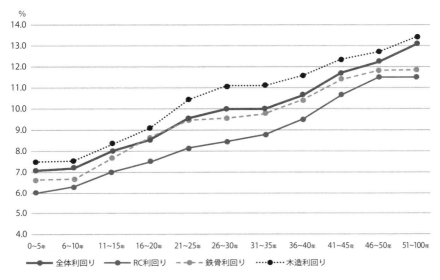

出典：ブルー・ソリューションズ株式会社　RAISE不動産情報データベースR-DX PRO

　図2-1では、築6〜10年の木造の利回りは「7.5％」となりますので、この売却利回りを使って売価を計算します。

　年間満室家賃収入 ÷ 売却利回りで売却価額を計算すると、500万円 ÷ 7.5％となり、売却価額は6,666万円となります。この売却価額でCFを計算してみます。

B：【売却のCF】

利回り7.5％（売価6,666万円）で売却した場合

① 売却価額	6,666万円
② 土地の簿価	1,100万円
③ 建物の簿価（9年間、減価償却費計上後）	2,307万円
④ 仲介手数料（（①×3％＋6万円）×1.1）	226万円
⑤ 売却益（①－②－③－④）	3,033万円
⑥ 法人税等（⑤×33％）	1,000万円
⑦ 残債	3,423万円
⑧ 売却によるCF（①－④－⑥－⑦）	2,017万円

今すぐに売却すれば、2,017万円の現金が手元に残ることになります。Aの⑯から毎年140万円のCFが得られる物件であることを考えると、2,017万円 ÷ 140万円 = 14年となり、**今から見て将来14年分のCFを前倒して手に入れることができる**わけです。

この年数が大きければ大きいほど、今すぐに売却したほうがよいと判断できる1つの材料になります。これは私が今までに数多くのクライアントを見てきた経験上の話になりますが、**所有中の年間CFの10年分くらいが得られるようであれば売却を検討**してもよいのではないかと考えています。

築年数と売却利回りの相関図

図2-1について説明を追加します。この相関図の全体から分かることは、築年数が古くなればなるほど売却利回りが高くなる傾向がある、ということです。

さらに詳しく見ていくと以下のようなことも分かります。

RC造、鉄骨造、木造の中で売却利回りの増加率が高いのは以下の時点です。

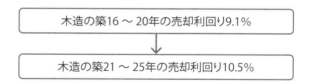

木造の築16 〜 20年の売却利回り9.1%

↓

木造の築21 〜 25年の売却利回り10.5%

増加率は1.4%となり、**築20年を経過することで一気に売価が下がりやすくなる**ことが分かります。

これは、**木造は地震や火災などの災害に弱く、メンテナンスや修繕にもコストがかかり、法定耐用年数も短いため、築20年を超えてくると購入希望者が減少し、売却価額を下げないと売れないのではないか**、という可能性を示しています。

また、木造と鉄骨造は築6 〜 10年から築21 〜 25年まで売却利回りの

増加率は平均0.73%ですが、RC造は同期間において売却利回りの増加率は平均0.52%となり、RC造のほうが増加率が緩やかであることが分かります。つまり、**木造と鉄骨造よりもRC造のほうが売却価額が下がりにくい**ことを表しています。

これは、**RC造は木造や鉄骨造よりも耐久性が高く、法定耐用年数も長いため、築25年くらいであっても購入希望者が多くいるためではないか**、と考えられます。

もっとも、RC造であっても、築41〜45年の売却利回りは10.7%ですが、築46〜50年の売却利回りは11.5%となり、0.8%増加していることから、RC造も築年数が法定耐用年数を超えてくると購入希望者が減り、売却価額を下げないと売れないのではないかと考えられます。

図2-1の相関図は全国平均でしたので、東京都に限定した相関図も紹介します。図2-2を見てください。

図2-2 築年数と売却利回りの相関図（東京都）

築年数と利回り（年）

築年数	東京都 利回り（%）	RC造 利回り（%）	鉄骨造 利回り（%）	木造 利回り（%）
0〜5年	6.6	5.5	6.5	6.7
6〜10年	6.9	5.2	6.7	6.9
11〜15年	6.9	5.5	6.7	7.0
16〜20年	6.9	6.0	6.2	7.1
21〜25年	6.9	6.8	6.5	6.9
26〜30年	7.8	7.0	7.6	8.1
31〜35年	8.0	7.3	7.7	8.1
36〜40年	8.1	7.3	7.9	8.3
41〜45年	8.7	7.3	7.8	9.1
46〜50年	8.6	8.1	7.8	8.8
51〜100年	9.0	7.1	8.7	9.0

※ 全体の利回りは、構造別の母数の違いと構造不明を含めた利回りのため、RC、鉄骨、木造の平均値にはならない。

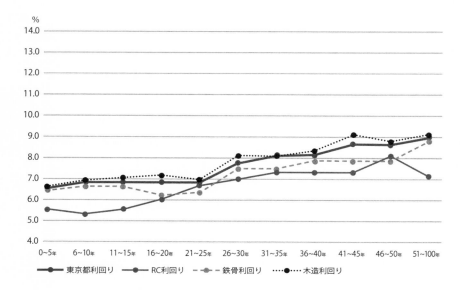

出典：ブルー・ソリューションズ株式会社　RAISE不動産情報データベースR-DX PRO

　図2-1の全国版と比較すると、**東京都の不動産は全体的に売却利回りが低い**ことが分かります。東京都は日本で最も人口密度が高く、不動産の需要も高いため、必然的に売却価額（買い手から見た購入価額）は高くなります。

　さらに詳しく見ていくと以下のようなことも分かります。

　RC造、鉄骨造、木造の中で売却利回りの増加率が高いのは以下の時点です。

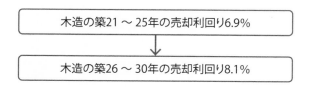

　増加率は1.2％となり、**築25年を経過することで一気に売価が下がりやすくなる**ことが分かります。全国版で見たときは、築20年を経過してくると売価が一気に下がりましたが、東京都は築20年を経過しても購入希望者が多く存在するのだと読み取れます。

　また、**築年数が同じ場合、建物の構造による売却利回りの差が小さい**ことも分かります。特に、築21 ～ 25年を見ると、RC造：6.8%、鉄骨造：6.5%、木造：6.9%と、すべて6%台になっており、**構造が違うにもかかわらず利回りはほぼ同じ**です。

　これは、**東京都では特に立地条件などの要因が利回りに大きな影響を及ぼしている**と考えられます。例えば、築年数が古い木造でも、駅から近い物件や新築同様にリフォームされた物件は売却価格が高くなる可能性があります。逆にいうと、築年数が浅くても駅から遠い物件や劣化した物件は売却価格が低くなる可能性がある、ということです。

　売却時税引後CF ÷ 所有時年間税引後CF ＝ 何年相当かという指標は、簡単に求められて分かりやすいものですので、ぜひ計算してみてください。

2-2 次の買主の立場から 売却時期を考える

売却時の利益やCFをしっかり確認するのは大事なことですが、売却は買い手あってのことです。買い手の目線から見て売却時期を判断することも必要です。

☑ 買い手が融資を受ける際の借入期間の計算を理解する。
☑ 買い手の購入後のCFから売却時期を検討する。

次の買主の立場とは

　本書は売主の立場での説明がほとんどですが、ここでは売却時における買主の立場を考慮して売却時期を考えてみることにします。

　そもそも売却は売主だけでは成立せず、買主がいてこそ売却できるわけですから、買主にとっても買いやすい物件である必要があります。では、買主にとって買いやすい物件の条件はどのようなものかというと、これは様々あるでしょう。

　例えば、表面利回りが高い、大規模修繕や各部屋のリフォームが終わっていて購入後すぐにキャッシュアウトの必要がない、築年数が浅い……などがあるはずです。

　この中で**築年数が浅いという点は、修繕リスクが少ないという観点もありますが、買主が融資を受ける際の借入期間にも大きな影響を与える**ものです。そこで、買主が融資を受ける際の借入期間と売却時期の関連性について掘り下げていきたいと思います。

買主にとっての融資の借入期間

　次のオーナーになる買主が、収益不動産購入時に金融機関から融資を受ける場合、借入期間は大きく分けて以下のようになります。

A:【法定耐用年数 − 築年数 = 借入期間とする金融機関】

中古木造　　　　　　　➡　22年 − 築年数 = 借入期間

中古軽量鉄骨　　　　　➡　27年 − 築年数 = 借入期間

中古重量鉄骨　　　　　➡　34年 − 築年数 = 借入期間

中古鉄筋コンクリート　➡　47年 − 築年数 = 借入期間（最大35年）

B:【金融機関独自の年数 − 築年数 = 借入期間とする金融機関】

〈O銀行の場合〉

中古木造　　　　　　　➡　40年 − 築年数 = 借入期間

中古軽量鉄骨　　　　　➡　40年 − 築年数 = 借入期間

中古重量鉄骨　　　　　➡　45年 − 築年数 = 借入期間

中古鉄筋コンクリート　➡　55年 − 築年数 = 借入期間

〈S銀行の場合〉

中古木造　　　　　　　➡　50年 − 築年数 = 借入期間

中古軽量鉄骨　　　　　➡　50年 − 築年数 = 借入期間

中古重量鉄骨　　　　　➡　60年 − 築年数 = 借入期間

中古鉄筋コンクリート　➡　60年 − 築年数 = 借入期間

このように、金融機関によって借入期間を何年とするかは変わります。もし次の買主がAのような金融機関で築10年を経過した木造を購入する場合、22年 − 10年 = 12年となりますし、O銀行では40年 − 10年 = 30年、S銀行では50年 − 10年 = 40年という年数になります。

買主が融資を受ける金融機関によって変わる借入期間の長短は、買主の物件所有後のCFに大きな影響があります。

借入期間の長短により変わるCF

どのくらい影響があるかを、2-1 で使った物件概要をもとに計算してみます。

2-1 に記載した私が所有している物件を、9年経過後すぐに6,666万円

69

で売却し、次の買主が購入したという前提にします。次の買主は借入金額6,666万円、借入利率2%とし、買主が個人・法人のどちらで購入するかは不明なので税引前CFで比較します。

【次の買主の物件概要】

- 1棟アパート
- 購入価額　　　　　　➡　6,666万円
- 構造　　　　　　　　➡　木造2階建て
- 年間満室想定収入　➡　500万円（表面利回り7.5%）
- 総戸数　　　　　　　➡　8戸
- 現在の築年数　　　　➡　築9年
- 借入金額　　　　　　➡　6,666万円
- 借入期間　　　　　　➡　Aの場合　22年 − 9年 = 13年
　　　　　　　　　　　➡　Bの場合　40年 − 9年 = 31年
- 借入利率　　　　　　➡　2%（変動金利）
- 返済方法　　　　　　➡　元利均等返済

【借入期間がAの場合　22年 − 9年 = 13年】

① 家賃収入	500万円
② 固定資産税	30万円
③ 管理費	30万円
④ 修繕費	10万円
⑤ 水道光熱費	2万円
⑥ 火災保険・地震保険	1万円
⑦ 広告宣伝費	11万円
⑧ インターネット費用	6万円
⑨ 費用合計	90万円
⑩ 純収益（①−⑨）	410万円
⑪ 元金返済	453万円
⑫ 支払利息	129万円
⑬ 税引前CF（⑩−⑪−⑫）	△172万円

【借入期間がBの場合　40年 − 9年 = 31年】

① 家賃収入		500万円
② 固定資産税		30万円
③ 管理費		30万円
④ 修繕費		10万円
⑤ 水道光熱費		2万円
⑥ 火災保険・地震保険		1万円
⑦ 広告宣伝費		11万円
⑧ インターネット費用		6万円
⑨ 費用合計		90万円
⑩ 純収益（①−⑨）		410万円
⑪ 元金返済		156万円
⑫ 支払利息		131万円
⑬ 税引前CF（⑩−⑪−⑫）		123万円

　借入期間が違うことで、AとBでは⑪ 元金返済の金額が大きく相違する こととなり、税引前CFが変わってきます。次の買主も物件購入後のCFを期待しますから、AとBで比べた場合、Bの条件で借りられるのであれば購入を検討したい、と思うわけです。

　一方、Aの条件でしか借りられない場合は、税引前CFが赤字なので購入検討してもらえる確率は減ることになります。

　仮に築4年で借入期間が22年 − 4年 = 18年となり、次の買主が借入期間18年で融資を受けられたとしても、税引前CFは△31万円くらいになります。投資であることを考えると、所有中のCFを得られないのは厳しいと感じるでしょう。

　以上のことから、この物件を売却する際にターゲットとなるのは、Bのような金融機関で借入をして購入してくれる方ということが分かります。

買い手の購入後のCFと、売り手の売却時期

　それでは、Bのような金融機関で借入をして購入してくれる買い手の購入後のCFと、売り手の売却時期の関連性を見ていきます。

　先ほどの「借入期間がBの場合　40年 − 9年 = 31年」を軸として計算していきますので、図2-3の9年経過後（10年目）は、71ページで求めた税引前CFと同じ結果になりますが、図2-3では詳細な計算結果にしたいため1,000円単位で計算していることから多少誤差が出ています。

図2-3 ▶ 買い手の購入後のCF

9年経過後
すぐに売却

	10年目	11年目	12年目	13年目	14年目	15年目
想定売却利回り平均	7.50%	8.30%				
毎年の想定売却利回り	7.50%	7.77%	8.04%	8.31%	8.58%	8.85%
売り手から見た売却価額&買い手から見た購入価額	66,667	63,771	61,070	58,544	56,177	53,955
満室想定家賃　11年目から年0.9%下落	5,000	4,955	4,910	4,865	4,820	4,775
買い手から見た築年数	9	10	11	12	13	14
買い手の借入期間（40年−築年数）	31	30	29	28	27	26
① 買い手　家賃収入	5,000	4,955	4,910	4,865	4,820	4,775
② 買い手　費用合計	900	900	900	900	900	900
③ 買い手　元本返済	1,568	1,567	1,569	1,575	1,585	1,598
④ 買い手　支払利息	1,318	1,261	1,207	1,156	1,108	1,064
⑤ 買い手　税引前CF　①−②−③−④	1,214	1,227	1,234	1,234	1,227	1,213
⑥ 買い手　税引前CF⑤÷物件価額×100	1.82%	1.92%	2.02%	2.11%	2.18%	**2.25%**
⑦ 買い手　返済比率（③+④）÷①×100	57.7%	57.1%	56.5%	56.1%	55.9%	**55.7%**

単位：千円

	16年目	17年目	18年目	19年目	20年目
想定売却利回り平均	9.10%				
毎年の想定売却利回り	8.94%	9.03%	9.12%	9.21%	9.30%
売り手から見た売却価額&買い手から見た購入価額	52,908	51,883	50,877	49,891	48,925
満室想定家賃　11年目から年0.9%下落	4,730	4,685	4,640	4,595	4,550
買い手から見た築年数	15	16	17	18	19
買い手の借入期間（40年−築年数）	25	24	23	22	21
① 買い手　家賃収入	4,730	4,685	4,640	4,595	4,550
② 買い手　費用合計	900	900	900	900	900
③ 買い手　元本返済	1,647	1,701	1,759	1,823	1,893
④ 買い手　支払利息	1,042	1,022	1,001	981	961
⑤ 買い手　税引前CF　①−②−③−④	1,141	1,062	980	891	796
⑥ 買い手　税引前CF⑤÷物件価額×100	2.16%	2.05%	1.93%	1.79%	1.63%
⑦ 買い手　返済比率（③+④）÷①×100	56.8%	58.1%	59.5%	61.0%	62.7%

図2-3の見方を説明します。

▼ 想定売却利回り平均

　図2-1「築年数と売却利回りの相関図（全国）」の木造の利回りに合わせています。

▼ 毎年の想定売却利回り

　平均値になるように毎年の売却利回りを変化させています。例えば、11〜15年目の売却利回り合計を5年で割った数値が想定売却利回り平均となるようにしています。

11年目　12年目　13年目　14年目　15年目
（7.77%＋8.04%＋8.31%＋8.58%＋8.85%）÷5年＝8.3%

▼ 売り手から見た売却価額＆買い手から見た購入価額

　「満室想定家賃 ÷ その年の売却利回り」で計算した結果になります。

▼ 満室想定家賃

　10年目までは満室想定家賃が500万円でしたが、11年目から家賃下落率0.9％として満室想定家賃を減少させています。家賃下落率は、図2-4を参考にしました。

　私の物件はシングルではなくコンパクトの区分になるため、築11年以上のコンパクト年率下落率＝約0.9％を採用しています。

　満室想定家賃500万円 × 0.9％ ＝ 4.5万円となりますから、毎年4.5万円ずつ満室想定家賃を下落させています。

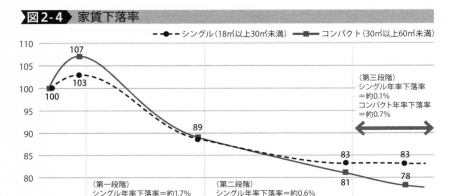

図2-4 家賃下落率

出所)アットホーム株式会社のデータを用いて三井住友トラスト基礎研究所算出
※2001年〜2011年の理論賃料指数を築年数ごとに平均した数値。
出典:三井住友トラスト基礎研究所　https://www.smtri.jp/report_column/report/2013_01_16.html

▼ ③ 買い手　元本返済、④ 買い手　支払利息

　年数が経過するごとに買い手の購入価額が下がっていきますので、買い手は、購入価額と同額（フルローン）でBのような金融機関から借入をすることを前提に計算しています。

▼ ⑥ 買い手　税引前CF⑤ ÷ 物件価額 × 100

　物件価額の何％くらいの税引前CFが得られるのかを計算しています。パーセンテージが大きければ大きいほど、投資効率がよいことになります。

▼ ⑦ 買い手　返済比率

　返済比率は、家賃収入に対する返済額の割合のことです。返済比率は、不動産投資の安全度を判断する指標の１つです。

　家賃収入が多くても返済比率が高いのであれば、手元に残るCFは減ります。そうすると予想外の支出や金利上昇リスクに耐えられなくなってしまいます。返済比率が低いほど不動産投資の安全性は高い、と考えること

ができます。

　不動産投資を行う上で理想的な返済比率は40％といわれていますが、そのような物件が市場に出回ることは少ないため、一般的には50％以下を目標にすることが多いです。

　図2-3から分かることをまとめます。
　「⑥ 買い手　税引前CF⑤ ÷ 物件価額 × 100」の数値が一番高くなり、「⑦ 買い手　返済比率」の数値が一番低くなる**15年目が買い手にとっての買いやすい時期**となります。買主としては、10年目から15年目に向かうにつれて買いやすくなり、16年目以降は⑥と⑦の指標が悪くなりますので購入しづらくなります。
　買主の指標が10年目から15年目にかけて徐々によくなっているのは、売却利回りが上がり購入価額が下がっていることが大きな要因です。16年目以降も売却利回りが上がるので購入金額は下がるのですが、借入期間が短くなってしまうので⑥と⑦の指標が悪化します。
　逆に売主の立場からすると、10年目以降、売却価額が下がっていきますので早めに売却するほうが有利ですが、**買主の購入しやすさも踏まえると、10年目から15年目までに売却するのが売主・買主双方にとってよい時期**となりそうです。

「法定耐用年数 － 築年数 ＝ 借入期間」とする金融機関から融資を受ける場合には、築浅物件や新築物件のほうが適しています。

大規模修繕を計算に入れて判断する（新築木造）

大規模修繕をせずに今すぐ売却するか、大規模修繕をして所有し続けるかを検討するにあたり、まずは大規模修繕の周期や費用の目安を知らなければなりません。その上で木造物件について、いつ売却するのがよいかを検討します。

☑ 大規模修繕のメリットとデメリットを理解し、修繕時期と費用の目安を知る。
☑ 大規模修繕、売却利回り、家賃下落を加味して売却時期を判断する。

修繕せずに売却するか、修繕して所有し続けるか

　物件が築10年くらいを超えてくると、今売却して投資利益を確定させるか、もしくは大規模修繕をして所有し続けるか、という大きな判断をしなければならないことがあります。

　私が所属する税理士法人の実務でも、この点に関して検討することが多いです。また、この大きな判断は、間違えると投資の失敗につながってしまう可能性もあります。

　そこで、まずは「修繕をせずに今すぐ売却する」か「修繕をして所有し続ける」か、それぞれのメリットとデメリットをきちんと理解しましょう。その上で、最大の利益を残すために、どちらの方向に進むかを検討していきましょう。

▼「修繕をせずに今すぐ売却する」メリット

① 大規模修繕の工事をしないため、工事にかかる期間を省略でき、早期売却が可能

② 売却によるCFの増加が早期に期待できる

③ 修繕に充てなかったお金を、ほかの収益不動産の購入や修繕などに費やせる

▼ デメリット

① 売却するため所有中のCFが減少する

② 引き渡したあとで告知していなかった不具合が見つかった場合は、契約不適合責任に問われる可能性がある

③ 大規模修繕費用分の値引き交渉をされやすい

デメリット②は、第三者による住宅状況調査を行うなど、一見しただけでは分からない欠陥がないか売り出す前に明らかにしておくと、売主も買主も安心して売買できます。

デメリット③は、相場に比べて安い売却価格での取引になる可能性があるので、いくらまでなら値引きに応じるのかを売り出す前に決めておくとよいでしょう。

▼ 「修繕をして所有し続ける」メリット

① 入居率の安定や上昇が期待できる

② 家賃下落の防止、家賃の値上げが期待できる

③ 大規模修繕後、10〜15年くらいは大きな修繕の必要がない

④ 継続して所有中のCFが得られる

⑤ 大規模修繕費用を、一括もしくは徐々に経費（減価償却費）として計上できる

▼ デメリット

① 大規模修繕費用として多額のキャッシュが必要になる

② 修繕を実施した年のCFが悪くなる

デメリット①と②については、修繕費の積み立てをしていない場合には融資を使って対応することも視野に入れます。日本政策金融公庫で修繕費用の融資を受けることも可能です。

大規模修繕の時期と費用

　大規模修繕で最も気になるのは、大規模修繕の修繕時期と修繕にかかる金額でしょう。

　国土交通省が賃貸経営者向けに公表している「民間賃貸住宅の計画修繕ガイドブック」では、修繕を行う一般的な目安を図2-5のように示しています。

図2-5　修繕箇所と修繕時期の目安

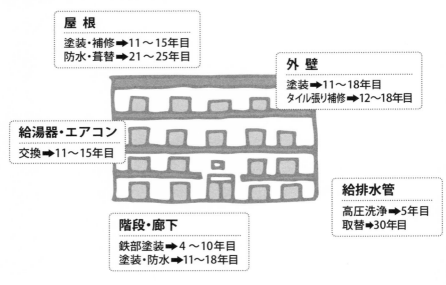

屋　根
塗装・補修 ➡ 11〜15年目
防水・葺替 ➡ 21〜25年目

外　壁
塗装 ➡ 11〜18年目
タイル張り補修 ➡ 12〜18年目

給湯器・エアコン
交換 ➡ 11〜15年目

給排水管
高圧洗浄 ➡ 5年目
取替 ➡ 30年目

階段・廊下
鉄部塗装 ➡ 4〜10年目
塗装・防水 ➡ 11〜18年目

出典：国土交通省　民間賃貸住宅の計画修繕ガイドブック
https://www.mlit.go.jp/common/001231406.pdf

　また、国土交通省による建物の構造と規模別の修繕費の目安を図2-6に示します。

図2-6 建物の構造・規模別の大規模修繕費の目安

	RC造・20戸 （1LDK〜2DK）	RC造・10戸 （1K）	木造・10戸 （1LDK〜2DK）	木造・10戸 （1K）
5〜10年目	1戸：約9万円	1戸：約7万円	1戸：約9万円	1戸：約7万円
11〜15年目	1戸：約55万円	1戸：約46万円	1戸：約64万円	1戸：約52万円
16〜20年目	1戸：約23万円	1戸：約18万円	1戸：約23万円	1戸：約18万円
21〜25年目	1戸：約116万円	1戸：約90万円	1戸：約98万円	1戸：約80万円
26〜30年目	1戸：約23万円	1戸：約18万円	1戸：約23万円	1戸：約18万円
合計	1戸：約225万円 1棟：約4,490万円	1戸：約177万円 1棟：約1,770万円	1戸：約216万円 1棟：約2,160万円	1戸：約174万円 1棟：約1,740万円

出典：Redia　不動産投資で必要となる修繕費の目安とは？
https://landnet.co.jp/redia/11287/

　以上を踏まえるとともに、これまで説明してきた以下も加味して売却時期を検討してみます。

　　・図2-1　築年数と売却利回りの相関図（全国・木造版）
　　・図2-4　家賃下落率

指標を組み合わせた売却時期の判断

　2-1 で出てきた、私が所有している物件を例に計算します。
　図2-7は、9年経過後の10年目に売却した場合と、売却せずに11年目以降に大規模修繕をした場合の数字をまとめたものです。

図2-7　11年目、16年目、21年目、26年目に大規模修繕

単位：千円

図2-6　建物の構造・規模別の大規模修繕費の目安 図2-1　築年数と売却利回りの相関図（全国・木造版） 図2-4　家賃下落率	臨時的事項（売却、大規模修繕） 経過年数	9年経過後すぐに売却 10年目	大規模修繕 512万円 11年目	12年目	13年目	14年目	15年目
	想定売却利回り平均	7.50%			8.30%		
	毎年の想定売却利回り	7.50%	7.77%	8.04%	8.31%	8.58%	8.85%
	満室想定家賃 11年目から年0.9%下落 21年目から年0.7%下落	5,000	4,955	4,910	4,865	4,820	4,775
	① 売却価額 満室想定家賃÷想定売却利回り	66,667	63,771	61,070	58,544	56,177	53,955
	② 仲介手数料 （①×3%＋6万）×1.1	2,266	2,170	2,081	1,998	1,920	1,847
	③ 借入金残高	34,230	32,260	30,270	28,260	26,220	24,170
	④ 税引前CF ①－②－③	30,171	29,340	28,718	28,286	28,037	27,938
	⑤ 建物簿価	23,070	21,300	19,530	17,760	15,990	14,220
	⑥ 土地簿価	11,000	11,000	11,000	11,000	11,000	11,000
	⑦ 売却益 ①－②－⑤－⑥	30,331	29,300	28,458	27,786	27,267	26,888
	⑧ 法人税等 ⑦×33%	10,009	9,669	9,391	9,169	8,998	8,873
	⑨ 売却による税引後CF ④－⑧	20,162	19,671	19,327	19,117	19,039	19,065
	⑩ 所有時税引後CF累計額	12,600	8,835	10,145	11,410	12,630	13,805
	⑪ 自己資金	1,000	1,000	1,000	1,000	1,000	1,000
	⑫ 投資業績 ⑨＋⑩－⑪	31,762	27,506	28,472	29,527	30,669	31,870
	⑬ 投資業績 1年あたり	3,529	2,751	2,588	2,461	2,359	2,276
	⑭ 投資利回り ⑬÷⑪	352.91%	275.06%	258.84%	246.06%	235.92%	227.64%

	16年目	17年目	18年目	19年目	20年目	21年目	22年目	23年目	24年目	25年目	26年目	27年目	28年目	29年目	30年目
	大規模修繕 184万円		9.10%			大規模修繕 784万円		10.50%			大規模修繕 184万円		11.00%		
	8.94%	9.03%	9.12%	9.21%	9.30%	9.70%	10.10%	10.50%	10.90%	11.30%	11.30%	11.30%	11.30%	11.30%	11.30%
	4,730	4,685	4,640	4,595	4,550	4,515	4,480	4,445	4,410	4,375	4,340	4,305	4,270	4,235	4,200
	52,908	51,883	50,877	49,891	48,925	46,546	44,356	42,333	40,459	38,717	38,407	38,097	37,787	37,477	37,167
	1,812	1,778	1,745	1,712	1,681	1,602	1,530	1,463	1,401	1,344	1,333	1,323	1,313	1,303	1,293
	22,090	19,990	17,860	15,710	13,540	11,351	9,130	6,885	4,615	2,320	0	0	0	0	0
	29,006	30,114	31,272	32,469	33,704	33,593	33,697	33,985	34,443	35,053	37,074	36,774	36,474	36,174	35,874
	12,450	10,680	8,910	7,140	5,370	3,600	1,830	60	0	0	0	0	0	0	0
	11,000	11,000	11,000	11,000	11,000	11,000	11,000	11,000	11,000	11,000	11,000	11,000	11,000	11,000	11,000
	27,646	28,424	29,222	30,039	30,874	30,344	29,997	29,810	28,058	26,375	26,074	25,774	25,474	25,174	24,874
	9,123	9,380	9,643	9,913	10,188	10,014	9,899	9,837	9,259	8,703	8,604	8,505	8,406	8,307	8,209
	19,883	20,734	21,629	22,556	23,516	23,580	23,798	24,148	25,184	26,350	28,469	28,268	28,068	27,867	27,666
	13,095	14,180	15,220	16,215	17,165	10,240	11,120	11,965	12,775	13,550	12,450	15,455	18,425	21,360	24,260
	1,000	1,000	1,000	1,000	1,000	1,000	1,000	1,000	1,000	1,000	1,000	1,000	1,000	1,000	1,000
	31,978	33,914	35,849	37,771	39,681	32,820	33,918	35,113	36,959	38,900	39,919	42,723	45,493	48,227	50,926
	2,132	2,120	2,109	2,098	2,088	1,641	1,615	1,596	1,607	1,621	1,597	1,643	1,685	1,722	1,756
	213.19%	211.97%	210.88%	209.84%	208.85%	164.10%	161.51%	159.60%	160.69%	162.08%	159.68%	164.32%	168.49%	172.24%	175.61%

2
-
3

▼ 臨時的事項（売却、大規模修繕）

　大規模修繕することなく10年目に売却する前提での計算と、10年目に売却しないで、11年目、16年目、21年目、26年目に大規模修繕を行う前提での計算をしています。

　大規模修繕に要する費用は図2-6を使って計算しました。

　今回の物件は、1LDKで30〜40㎡の部屋が8部屋あります。そのため、木造・10戸（1LDK〜2DK）の11〜15年目に記載された1戸：約64万円を使っています。よって、11年目の大規模修繕費用は64万円 × 8部屋 ＝ 512万円となります。同様に16年目は23万円 × 8部屋 ＝ 184万円、21年目は98万円 × 8部屋 ＝ 784万円、26年目は23万円 × 8部屋 ＝ 184万円となります。

▼ 想定売却利回り平均

　図2-1（62ページ）の木造の売却利回りに合わせています。

▼ 毎年の想定売却利回り

　平均値になるように毎年の売却利回りを変化させています。例えば、11〜15年目の売却利回り合計を5年で割った数値が想定売却利回り平均となるようにしています。

> **（7.77％ ＋ 8.04％ ＋ 8.31％ ＋ 8.58％ ＋ 8.85％）÷ 5年 ＝ 8.3％**

▼ 満室想定家賃

　10年目は満室家賃が500万円で新築当初から下落していませんが、11年目と21年目からは図2-4（74ページ）の家賃下落率を加味しています。部屋の広さから考えてコンパクト（30㎡以上 60㎡未満）になりますので、11年目からはコンパクト年率下落率＝約0.9％を使い、21年目からはコンパクト年率下落率＝約0.7％を使い、徐々に満室想定家賃を減少させています。

▼ ⑩ 所有時税引後CF累計額

　62ページで、⑯ 税引後CF（⑩ － ⑪ － ⑫ － ⑮）を140万円と計算していました。毎年140万円のCFが蓄積すると考えますので、140万円 × 9年分 ＝ 1,260万円が10年目のところに記載されます。

　11年目は、家賃下落と大規模修繕によりCF累計額が減少します。

9年目までのCF累計額	1,260万円
1年あたりのCF増加額	＋140万円
1年あたりの家賃下落	－4.5万円（5,000万円×0.9％＝4.5万円）
大規模修繕	－512万円
差　引	883.5万円

　12年目は、家賃下落によりCF累計額が減少します。

10年目までのCF累計額	883.5万円
1年あたりのCF増加額	＋140万円
家賃下落合計	－9万円（5,000万円×0.9％×2年＝9万円）
差　引	1,014.5万円

　なお、27年目は借入金を完済しているため、元金と利息分に相当する230万円を加算しています。

▼ ⑫ 投資業績　⑨ ＋ ⑩ － ⑪

　⑨ 売却による手残りと、⑩ 物件所有中に得られたCFの累計額を足して、購入当初に支出した⑪ 自己資金をマイナスすることで、その収益不動産がどれだけ稼ぎ出したかが分かります。

▼ ⑬ 投資業績　1年あたり

　10年目であれば、⑫ 投資業績 ÷ 9年として計算し、11年目であれば、⑫ 投資業績 ÷ 10年として計算し、その収益不動産を使って1年あたりに

稼ぎ出した金額を求めています。

これらの結果を踏まえて売却時期の判断基準を示します。

▼ 売却時期の判断基準 ―その1―

図2-7の「⑭ 投資利回り ⑬ ÷ ⑪」の数字に着目してください。例えば、9年経過後すぐに売却した場合の10年目の投資利回りは352.91%となっています。

これは、**自己資金100万円を使って9年の間、毎年352.9万円を稼ぎ出していた**ことになります。別の言い方をすると、**自己資金100万円を使って、9年間で3,176.2万円を儲けた**、ということです。

10年目の投資業績3,176.2万円と同じくらいになるのが、15年目の3,187万円ですが、15年目の投資利回りは227.64%と下がります。これは、自己資金100万円を使って、14年間で3,187万円を儲けますので、10年目と比較すると投資効率が下がっている、ということです。

投資利回りだけに焦点を当てた図2-8もあわせて見てください。

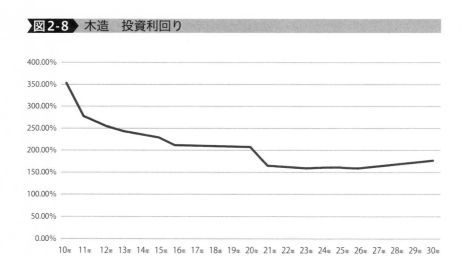

図2-8 木造　投資利回り

投資利回りは10年目が一番よく、その後徐々に右肩下がりに下がっていきますが、21 〜 30年目までは投資利回りに大きな変化がなく安定してきます。

投資利回り（投資効率）だけを考えると、10年目に売却するほうがよい、と判断することもできます。しかし、10年目に売却して手元に残った資金をそのままにしておくと投資効率は悪くなってしまいます。**別の投資、もしくは別の物件を購入することで同じような投資効率が期待できるのであれば10年目に売却する判断をしてもよい**、とするのが正確でしょう。

▼ 売却時期の判断基準 ─その2─

図2-7の「⑫ 投資業績 ⑨ ＋ ⑩ − ⑪」の数字に着目してください。また、投資業績だけに焦点を当てた図2-9もあわせて見てください。

図2-9 ▶ 木造 投資業績

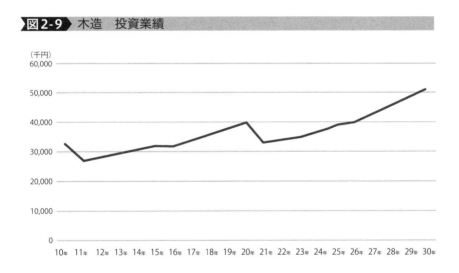

10年目に売却せず、11年目に大規模修繕を512万円かけて行うことにより投資業績は2,750.6万円となり一気に悪化します。そのため、11年目に大規模修繕を行った場合には、10年目の投資業績3,176.2万円と同等になる15年目以降に売却したほうがよいことが分かります。

また、21 年目に大規模修繕 784 万円が発生しますので、その直前の 20 年目までに売却したほうが投資業績の観点からはよいことになります。もし 21 年目に大規模修繕を実施するのであれば、投資業績、投資利回りの両方から見ても 27 年目以降に売却したほうが有利です。

　ここまでをまとめると以下のようになります。

　　・11 年目に大規模修繕を行った場合 ➡ 15 〜 20 年目の間に売却を検討する
　　・21 年目に大規模修繕を行った場合 ➡ 27 年目以降に売却を検討する

　もちろん、このような判断は大規模修繕を行うタイミングでまったく変わってきます。ご自身の物件は、どのような時期に、どのくらいの修繕コストが発生しそうなのかを調査・ヒアリングした上で試算を行ってください。

大規模修繕のタイミングは、同じ木造物件であったとしても地域によって異なります。例えば、寒冷地や海岸に近い地域、台風や集中豪雨が多発する地域では、それ以外の地域と比べて建物の傷みが激しくなることが予想されますので、その分修繕の回数や修繕の内容が変わってくるはずです。まずは管理会社に相談してみるのが 1 つの手です。

2-4 大規模修繕を計算に入れて判断する（新築RC）

今度はRC物件について、いつ売却するのがよいのか、大規模修繕、売却利回り、家賃下落を加味して検討します。**2-3** の木造物件と比較しながら読み進めてください。

- ☑ 大規模修繕、売却利回り、家賃下落を加味してRCの売却時期を判断する。
- ☑ 投資利回りや投資業績についても理解を深める。

指標を組み合わせた売却時期の判断

　ここでも、私が所有している物件を例に計算していきます。物件概要と所有中のCFを確認してください。

【物件概要】

- ・法人での購入
- ・購入年月　　　　　　➡ 2017年1月
  　　　　　　　　　　　新築で購入
- ・購入時の物件価額　➡ 1億4600万円
  　　　　　　　　　　　（内訳：土地3,508万円、建物1億1092万円）
- ・構造　　　　　　　➡ 鉄筋コンクリート4階建て
  　　　　　　　　　　　1LDK×16世帯
  　　　　　　　　　　　駐車場4台
- ・現在の築年数　　　➡ 築8年（所有期間8年）
- ・借入金額　　　　　➡ 1億2500万円
- ・借入期間　　　　　➡ 30年
- ・借入利率　　　　　➡ 0.75%
- ・返済方法　　　　　➡ 元利均等返済
- ・耐用年数　　　　　➡ 47年

- 家賃年収 ➡ 1,100万円（表面利回り7.5%）
　　　　　　　　購入当初から現在まで家賃下落はゼロ
- 減価償却費 ➡ 1億1092万円 ÷ 47年 ＝ 236万円
- 自己資金 ➡ 2,500万円

A:【所有中のCF】

① 家賃収入　　　　　　　　　　1,100万円
② 固定資産税　　　　　　　　　　100万円
③ 管理費　　　　　　　　　　　　　30万円
④ 修繕費　　　　　　　　　　　　　20万円
⑤ 水道光熱費　　　　　　　　　　　12万円
⑥ 火災保険・地震保険　　　　　　　 2万円
⑦ 広告宣伝費　　　　　　　　　　　20万円
⑧ インターネット費用　　　　　　　22万円
⑨ 費用合計　　　　　　　　　　　206万円
⑩ 純収益（①－⑨）　　　　　　　894万円
⑪ 元金返済　　　　　　　　　　　400万円
⑫ 支払利息　　　　　　　　　　　 75万円
⑬ 減価償却費　　　　　　　　　　236万円
⑭ 法人所得（⑩－⑫－⑬）　　　　583万円
⑮ 法人税等（⑭×23%）　　　　　134万円
⑯ 税引後CF（⑩－⑪－⑫－⑮）　285万円

このRC物件の坪単価を計算してみます。坪単価は、家を建てるときの1坪（約3.3㎡）あたりの建築費のことです。建物の本体価額を延床面積で割った数値で、2階建てや3階建ての場合はすべてのフロアの床面積も含んで計算されます。建物本体価額1億1092万円 ÷ 延床面積200坪 ＝ 55万4600円と算定できます。資材や人件費の高騰に伴い、今は坪単価はもっとアップしています。

8年目が終了した時点で「今すぐ売却する」とした場合の、売却のCF
を計算してみます。

8年目が終了して売却する場合、図2-1（62ページ）から売却利回り
「6.3%」（築6〜10年のRCの売却利回り）となりますので、この利回りを
使って売価を計算します。

売却価額 ＝ 年間満室家賃収入 ÷ 売却利回りで計算すると、1,100万円
÷ 6.3％となり、売却価額は1億7460万円となります。この売却価額で
CFを計算します。

B:【売却のCF】

利回り6.3%（売価1億7460万円）で売却した場合

① 売却価額	1億7460万円
② 土地の簿価	3,508万円
③ 建物の簿価（8年間、減価償却費計上後）	9,204万円
④ 仲介手数料（（①×3％＋6万円）×1.1）	582万円
⑤ 売却益（①－②－③－④）	4,166万円
⑥ 法人税等（⑤×33％）	1,374万円
⑦ 残債	9,436万円
⑧ 売却によるCF（①－④－⑥－⑦）	6,068万円

8年経過後の9年目および10年目に売却した場合と、売却せずに11年
目以降に大規模修繕をした場合の図2-10を見てください。

このRC物件について、 **2-1** で取り上げた「売却時税引後CF
÷ 所有時年間税引後CF ＝ 何年相当」かという指標に当ては
めて計算してみると、6,068万円 ÷ 285万円 ＝ 21年相当と
なります。

図2-10 11年目、16年目、21年目、26年目に大規模修繕

単位：千円

	臨時的事項（売却、大規模修繕）	8年経過後すぐに売却 9年目	10年目	大規模修繕 880万円 11年目	12年目	13年目	14年目	15年目	大規模修繕 368万円 16年目
図2-6 建物の構造・規模別の大規模修繕費の目安	経過年数								
図2-1 築年数と売却利回りの相関図（全国・RC版）	想定売却利回り平均	6.30%				7.00%			7.50%
	毎年の想定売却利回り	6.30%	6.36%	6.57%	6.78%	6.99%	7.20%	7.41%	7.44%
図2-4 家賃下落率	満室想定家賃 10年目から年2.2%下落 11年目から年0.9%下落 21年目から年0.7%下落	11,000	10,758	10,659	10,560	10,461	10,362	10,263	10,164
	①売却価額 満室想定家賃÷想定売却利回り	174,603	169,151	162,237	155,752	149,657	143,917	138,502	136,595
	②仲介手数料 （①×3%＋6万）×1.1	5,828	5,648	5,420	5,206	5,005	4,815	4,637	4,574
	③借入金残高	94,365	90,405	86,415	82,395	78,345	74,264	70,153	66,010
	④税引前CF ①−②−③	74,410	73,098	70,403	68,151	66,307	64,837	63,712	66,011
	⑤建物簿価	92,040	89,680	87,320	84,960	82,600	80,240	77,880	75,520
	⑥土地簿価	35,080	35,080	35,080	35,080	35,080	35,080	35,080	35,080
	⑦売却益 ①−②−⑤−⑥	41,655	38,743	34,418	30,506	26,972	23,781	20,905	21,421
	⑧法人税等 ⑦×33%	13,746	12,785	11,358	10,067	8,901	7,848	6,899	7,069
	⑨売却による税引後CF ④−⑧	60,664	60,313	59,045	58,084	57,406	56,990	56,814	58,942
	⑩所有時税引後CF累計額	22,800	25,408	19,117	21,527	23,838	26,050	28,163	26,497
	⑪自己資金	25,000	25,000	25,000	25,000	25,000	25,000	25,000	25,000
	⑫投資業績 ⑨＋⑩−⑪	58,464	60,721	53,162	54,611	56,244	58,040	59,977	60,439
	⑬投資業績 1年あたり	7,308	6,747	5,316	4,965	4,687	4,465	4,284	4,029
	⑭投資利回り ⑬÷⑪	29.23%	26.99%	21.26%	19.86%	18.75%	17.86%	17.14%	16.12%

基礎編

90

	17年目	18年目	19年目	20年目	21年目	22年目	23年目	24年目	25年目	26年目	27年目	28年目	29年目	30年目
		7.50%			大規模修繕 1,856万円		8.10%			大規模修繕 368万円		8.50%		
	7.47%	7.50%	7.53%	7.57%	7.75%	7.93%	8.11%	8.29%	8.47%	8.48%	8.49%	8.50%	8.51%	8.52%
	10,065	9,966	9,867	9,768	9,691	9,614	9,537	9,460	9,383	9,306	9,229	9,152	9,075	8,998
	134,703	132,827	130,966	129,121	125,126	121,312	117,668	114,182	110,845	109,805	108,768	107,734	106,702	105,672
	4,511	4,449	4,388	4,327	4,195	4,069	3,949	3,834	3,724	3,690	3,655	3,621	3,587	3,553
	61,837	57,632	53,395	49,127	44,826	40,493	36,128	31,729	27,298	22,833	18,334	13,802	9,236	4,635
	68,355	70,746	73,183	75,667	76,105	76,750	77,591	78,619	79,823	83,283	86,779	90,311	93,879	97,484
	73,160	70,800	68,440	66,080	63,720	61,360	59,000	56,640	54,280	51,920	49,560	47,200	44,840	42,480
	35,080	35,080	35,080	35,080	35,080	35,080	35,080	35,080	35,080	35,080	35,080	35,080	35,080	35,080
	21,952	22,498	23,058	23,634	22,131	20,803	19,639	18,628	17,761	19,116	20,473	21,833	23,195	24,559
	7,244	7,424	7,609	7,799	7,303	6,865	6,481	6,147	5,861	6,308	6,756	7,205	7,654	8,105
	61,111	63,321	65,574	67,868	68,802	69,885	71,110	72,472	73,962	76,975	80,023	83,106	86,224	89,380
	28,412	30,228	31,945	33,563	16,544	18,008	19,395	20,705	21,938	19,414	20,493	21,495	22,420	23,268
	25,000	25,000	25,000	25,000	25,000	25,000	25,000	25,000	25,000	25,000	25,000	25,000	25,000	25,000
	64,523	68,549	72,519	76,431	60,346	62,893	65,505	68,177	70,900	71,389	75,516	79,601	83,644	87,648
	4,033	4,032	4,029	4,023	3,017	2,995	2,978	2,964	2,954	2,856	2,904	2,948	2,987	3,022
	16.13%	16.13%	16.12%	16.09%	12.07%	11.98%	11.91%	11.86%	11.82%	11.42%	11.62%	11.79%	11.95%	12.09%

▼ 臨時的事項（売却、大規模修繕）

　1つは、大規模修繕することなく9年目、10年目に売却する前提で計算しています。もう1つは、10年目までに売却しないで、11年目、16年目、21年目、26年目に大規模修繕を行う前提で計算しています。

　大規模修繕に要する費用は図2-6（79ページ）を使って計算しました。

　今回の物件は、すべて1LDKで40㎡以上の部屋が16部屋あります。そのため、RC造・20戸（1LDK ～ 2DK）の11 ～ 15年目に記載された1戸：約55万円を使っています。よって、11年目の大規模修繕費用は55万円 × 16部屋 ＝ 880万円となります。同様に16年目は23万円 × 16部屋 ＝ 368万円、21年目は116万円 × 16部屋 ＝ 1,856万円、26年目は23万円 × 16部屋 ＝ 368万円となります。

▼ 想定売却利回り平均

　図2-1（62ページ）のRCの売却利回りに合わせています。

▼ 毎年の想定売却利回り

　平均値になるように毎年の売却利回りを変化させています。例えば、11 ～ 15年目の売却利回り合計を5年で割った数値が想定売却利回り平均となるようにしています。

（6.57% ＋ 6.78% ＋ 6.99% ＋ 7.2% ＋ 7.41%）÷ 5年 ≒ 7%

▼ 満室想定家賃

　9年目は満室家賃が1,100万円で新築当初から下落していませんが、10年目、11年目、21年目からは図2-4（74ページ）の家賃下落率を加味しています。部屋の広さから考えてコンパクト（30㎡以上60㎡未満）になりますので、10年目からはコンパクト年率下落率＝約2.2%を使い、11年目からはコンパクト年率下落率＝約0.9%を使い、21年目からはコンパクト年率下落率＝約0.7%を使い、徐々に満室想定家賃を減少させています。

以上を踏まえて売却時期の判断基準を示します。

▼ 売却時期の判断基準

投資利回りと投資業績に焦点を当てた図2-11、図2-12を見てください。

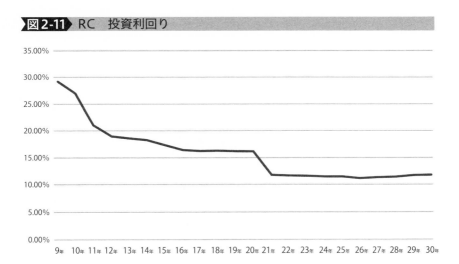

図2-11 RC　投資利回り

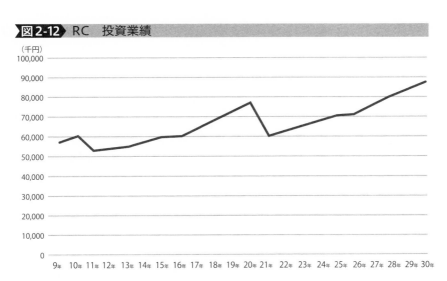

図2-12 RC　投資業績

　木造の投資利回り、投資業績のグラフ（図2-8、図2-9）と比較してみると同じような傾向であることが分かりますが、大きく違う点が2つあります。

i「大規模修繕のインパクトが木造よりも大きい」

　木造の21年目の大規模修繕の金額は784万円でしたが（図2-7）、RCの21年目の大規模修繕の金額は1,856万円であることから、20年目と21年目の投資利回りの下落率に関してRCのほうが大きくなっています。

木造20年目 208.85% ➡ 21年目 164.10% ➡ 約21%の下落

RC20年目　16.09% ➡ 21年目　12.07% ➡ 約25%の下落

---

ii「全体的な投資利回りの下落率が木造よりも大きい」

　木造の10年目の投資利回りは352.91%と最大で、一番投資利回りが低下するのが23年目の159.6%となっています。投資利回りの最大の下落率は約55%です。

　RCの9年目の投資利回りは29.23%と最大で、一番投資利回りが低下するのが26年目の11.42%となっています。投資利回りの最大の下落率は約60%です。

　このように下落率に差が出る要因の1つが自己資金の割合です。

木造 物件価額 ＋ 購入時諸費用　　5,200万円
　　　 借入金額　　　　　　　　5,100万円
　　　 自己資金　　　　　　　　　100万円
　　　 （自己資金の割合約2%）

RC 物件価額 ＋ 購入時諸費用　1億5000万円
　　　 借入金額　　　　　　　　1億2500万円
　　　 自己資金　　　　　　　　2,500万円
　　　 （自己資金の割合約16%）

これはあくまで私の一例ですが、RCを購入したときのほうが自己資金の割合が高くなっています。一般的に、木造よりも高額なRC購入時のほうが自己資金の割合が高くなる傾向にあります。

投資利回りは、1年あたりの投資業績を自己資金で割ることで計算していますので、**自己資金が多ければ多いほど投資利回りは悪くなります。**

年数が経過するにつれて、家賃下落と売却利回りの上昇に加えて大規模修繕の費用が発生しますので、木造であってもRCであっても**構造を問わず投資利回りは右肩下がりに低下しますが、自己資金が多いほうがより投資利回りが悪化しやすい**、ということです。**物件購入時に支出した自己資金を駆使して稼ぎ出す力が下がりやすくなる**、ともいえます。

iとiiのことから、この例では、大規模修繕実施前である20年目までに売却したほうがよいと考えられます。9年目の投資利回りは29.23％ですが、20年目の投資利回りは16.09％となり下落率が45％であることと、21年目以降は投資利回りの上昇がほとんど期待できない結果となっているからです。

大規模修繕費を削減する方法には以下などがあります。
① 業者に丸投げしない ➡ 工事会社に丸投げしてしまうとコスト意識が失われやすいので自分で内容をチェックすること
② 工事箇所をチェックする ➡ 状態を確認した上で「修繕不要」と判断することも必要
③ 複数の業者から見積もりを取る ➡ 安かろう悪かろうの大規模修繕にならないように中身と価格のバランスに注目すること

2-4

物件の売却価額帯と売却利回りの関係性

収益不動産が売却される価額帯と売却利回りの関係性は、不動産投資家にとって興味をそそられるものです。人口が減少する日本において、どのような物件なら売却時のリスクを減らせるのかも分かります。

- ☑ 物件価額、利回り、築年数のバランスの重要性について知る。
- ☑ どのような物件なら売却時のリスクを下げられるのかを知る。

価額帯が高いほど売却利回りが低くなる理由

2-1 で築年数と売却利回りの関係性について説明しました。ここでは、売却価額帯と売却利回りの関係性について見ていきます。図2-13を見てください。

図 2-13 物件の売却価額帯と売却利回りの関係

物件価額帯	利回り (%)			
	全体	RC造	鉄骨造	木造
1 ～ 250万円	24.7	19.6	27.9	24.7
251 ～ 500万円	15.1	14.9	16.3	15.1
501 ～ 1,000万円	12.0	12.1	13.4	11.9
1,001 ～ 2,500万円	11.1	11.1	12.0	10.8
2,501 ～ 5,000万円	9.8	10.7	10.1	9.5
5,001 ～ 7,500万円	8.9	9.9	9.2	8.3
7,501 ～ 10,000万円	8.5	9.2	8.7	7.8
10,001 ～ 12,500万円	8.2	8.6	8.3	7.6
12,501 ～ 15,000万円	8.2	8.5	8.2	7.4
15,001 ～ 17,500万円	7.9	8.1	8.0	7.2
17,501 ～ 20,000万円	7.8	7.9	7.8	7.2
20,001 ～ 30,000万円	7.6	7.7	7.6	7.1
30,001 ～ 50,000万円	7.1	7.2	7.2	6.5
50,001万円～	6.5	6.4	7.2	—

※ RCは戸建て、倉庫・店舗などあり。
※ —は事例が数件しかなく除外したもの。

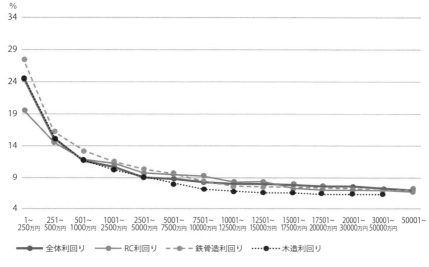

1~ 250万円	251~ 500万円	501~ 1000万円	1001~ 2500万円	2501~ 5000万円	5001~ 7500万円	7501~ 10000万円	10001~ 12500万円	12501~ 15000万円	15001~ 17500万円	17501~ 20000万円	20001~ 30000万円	30001~ 50000万円	50001~

―●― 全体利回り　　―●― RC利回り　　- -●- - 鉄骨造利回り　　……●…… 木造利回り

出典：ブルー・ソリューションズ株式会社　RAISE不動産情報データベースR-DX PRO

　図2-13から考察できるポイントについて説明します。

　全体的に**物件価額帯が高ければ高いほど売却利回りが低い**ことが分かります。例えば、物件価額帯が7,501 ～ 1億円ならRC造で9.2％の売却利回りですが、物件価額帯が1億7501 ～ 2億円ならRC造で7.9％の売却利回りとなっています。

　このような結果になる大元の理由は、**価額帯が高い物件は需要が高く競争が激しいため売却利回りを下げても売れる、逆に価額帯が低い物件は需要が低く競争が少ないため売却利回りを上げても売れない**、ということです。

　では、なぜ価額帯が高い物件は需要が高く競争が激しくなり、価額帯が低い物件は逆になるのか。いくつかの理由が考えられます。

　物件の価額帯が低いということは、小規模な物件、例えば区分や戸建て、戸数の少ないアパートとなる可能性が高いです。

　特に区分や戸建ては、空室になってしまうと家賃収入がゼロとなりCFが悪化しますので、**空室リスクが高い傾向**にあります。買主はそのような

リスクを回避したいという思いから、なるべく物件を安く購入しておきたいと目論むため、売却利回りは高くなるのではないかと考えられます。

　また、**区分や戸建ては1棟マンションに比べ売買市場に多くあるため、需要と供給のバランスから売却利回りは高くなりやすい**のではないかと考えられます。

　逆に物件の価額帯が高いということは、大規模な物件、例えば戸数の多い1棟アパート、1棟マンションになる可能性が高いといえます。全体の戸数が多ければ何室か空室が発生したとしても、ある程度家賃収入を見込めるためCFは安定し、**空室リスクが低くなります**。

　また、大規模な物件になればなるほど**賃料収入に占めるコストの割合が下がる傾向**もあります。

　例えば10室ある1億円の物件で、日常的な清掃費を毎月2万円支払っていたとします。では、20室ある2億円の物件では日常的な清掃費が単純計算で2倍の4万円になるかというと、そうとは限りません。20室ある2億円の物件でも、日常の清掃費が3万円のようになることも多くあります。同様に、インターネット関連費用や光熱費なども、単純に1億円で10室の物件の2倍かかるわけではありません。

　「規模的な力」が発生することで、物件価額帯が高く利回りが低い物件でもキャッシュが残る傾向にあります。1億円で利回り8%の物件と2億円で利回り8%の物件であれば、同じ利回りであってもコストの割合が下がるため、2億円で利回り8%の物件のほうがCFはよい、ということになるのです。

　別の言い方をすれば、1億円で利回り8%の物件と2億円で利回り7.5%の物件がある場合、利回りは違うのに残るCFに差が出ない、ということもあり得ます。

　このように、**物件価額帯が高ければ高いほど大規模物件となるため空室リスクが低下します。そして、規模的な力によりコスト率が低いことから、利回りが低くてもキャッシュが残りやすいため購入希望者が多く、売却利回りは下がる**のではないかと考えられます。

価額帯、利回りに築年数を加味する

図2-13では、物件の築年数が考慮されていません。一般的に、築年数が古いほど物件の価値は低下し、修繕費などの経費も増えます。これらの要因は収益不動産の収益性に影響を与えます。したがって、物件価額帯と売却利回りの関係だけでなく、築年数も考慮する必要があります。

図 2-14 物件価額帯、利回り、築年数

物件価額帯と築年数	利回り (%)			
	全体	RC造	鉄骨造	木造
1,900 〜 2,100万円	11.0	10.6	11.7	10.8
平均築年数	34.4	41.0	33.2	34.0
4,750 〜 5,250万円	9.4	10.7	9.7	8.9
平均築年数	27.8	36.1	30.4	23.8
9,500 〜 10,500万円	8.4	9.0	8.6	7.6
平均築年数	24.8	32.8	29.0	12.5
19,000 〜 21,000万円	7.9	8.0	7.9	7.2
平均築年数	26.3	28.6	26.6	8.6

出典：ブルー・ソリューションズ株式会社　RAISE不動産情報データベースR-DX PRO

築年数も考慮した図2-14から考察できるポイントについて説明します。

一般的に、築年数が古い物件ほど価額が安くなります。当然のことながら、築年数が古い物件は老朽化し修繕費用がかかるため買主側の評価が低くなるからです。逆に、築年数が新しい物件は外観も内部も綺麗で買主側の評価が高くなります。図2-14でも、**価額帯が高くなるにつれて平均築年数は短くなっています。**

一番特徴的なのは木造です。価額帯1億9000 〜 2億1000万円の場合、売却利回りは7.2％で平均築年数は8.6年となっています。同じ価額帯で見ると、RC造や鉄骨造と比べて売却利回りは低いですし、平均築年数も

2
5

99

圧倒的に短くなっていることが分かります。

ここで少し角度を変えてみましょう。

図2-15は、築年数を21〜25年に固定した上で、売却価額帯と売却利回りの関係についてまとめたものです。

図 2-15 築年数21〜25年での売却価額帯と売却利回りの関係性

築年数21〜25年	利回り（%）			
物件価額帯	全体	RC造	鉄骨造	木造
2,500 〜 3,500万円	10.2	8.9	10.2	10.3
9,500 〜 10,500万円	8.6	8.3	8.8	8.8
19,000 〜 21,000万円	7.4	7.5	7.1	6.7

出典：ブルー・ソリューションズ株式会社　RAISE不動産情報データベースR-DX PRO

築年数が20年を超えてきたとき、価額帯が2,500〜3,500万円のように低い場合は木造の売却利回りは10.3％であるのに対し、価額帯が1億9000〜2億1000万円と高い場合は売却利回りが6.7％となっています。図2-15から、**特に木造は築年数が多少古くなったとしても、物件の価額帯が高ければ需要は高くなるため売却利回りは下がる**、といえます。築21〜25年の木造で2億円ほどの価額ということは、おそらく東京都内である可能性が高くなりますので、都心では多少古い木造でも需要がかなり高くなるといえるのではないでしょうか。

図2-13〜図2-15を通していえることは以下のとおりです。

・不動産投資では、物件価額と利回りと築年数のバランスが重要
・最終的に高く売却したい、もしくは売却時のリスクを下げたいなら、可能な限り1億円以上の高額な物件を購入するほうが有利

物件価額帯が高くなることのメリットに焦点を当てて説明しましたが、もちろん投資としてのリスクが大きくなる可能性も同時にあります。ご注意ください。

　さて、最後に、この章で出てきた複数の統計分析のもととなったRAISE不動産情報データベースR-DX PROについて触れておきます。

　RAISEは、Web上に掲載された物件や仲介会社から持ち込まれた情報の解析を行い、CFが大きく残る優良物件を会員に配信する、不動産投資家グループが作った情報サービスです。

　これまでWeb上の不動産情報ではCFが見えませんでしたが、このシステムを使うと誰でも瞬時に可視化できます。

　RAISEは会員にならなければ使えませんが、初心者でもリスクを可視化できるため、不動産投資をこれから始める人にも有効なツールです。システム側から自動で優良物件がメールで届くため、Web上で物件を探すという、投資家にとって最も重い作業負担の1つを削減してくれます。

　・RAISE不動産情報データベースR-DX PRO
　　https://www.raise.bluesolutions.jp/

　興味のある方はWebサイトをご覧になってみてください。

借り換えシミュレーション

　収益不動産を金融機関からの借入により購入したあと、ほかの金融機関に借り換える場合があります。借り換えをするかどうか最終的な判断の前には、きちんとした試算が必須です。ここでは、借り換えの試算について例を挙げて説明します。現在の借入状況は以下のとおりとします。

> **【A銀行からの借入】**
> 現時点での残債 ➡ 3億円
> 残りの借入期間 ➡ 32年
> 借入利率 ➡ 1.6%（固定金利）
> 返済方法 ➡ 元利均等返済

ほかの金融機関（B銀行）に借り換えた場合の条件は以下とします。

> 借入金額 ➡ 3億円（残債引き継ぎ）
> 借入期間 ➡ 23年
> 借入利率 ➡ 0.8%（固定金利）
> 返済方法 ➡ 元利均等返済

　借り換えの際は、新たな借入先であるB銀行から融資を受け、その資金で今まで借入を受けていたA銀行にローンの残額を返済します。
　もし上記の条件で借り換えを行った場合、以下の費用が発生します。

① B銀行の抵当権設定登記費用と、A銀行の抵当権抹消登記費用

➡ 100万円

② A銀行への違約金（残債 × 2%）➡ 600万円

③ ① + ② = 700万円

固定金利の融資を繰上返済すると、繰上返済違約金が発生する場合があります。違約金の有無については、銀行から融資を受けた際の約定書に記載されています。

　さて、借り換え費用は高額です。本当に借り換えしたほうがよいかどうかを検討してみましょう。

① このままA銀行で借り入れた場合の利息の支払い額

　　　　　　　　　　➡ 1,388万9364円（36カ月分）

② B銀行で借り入れた場合の利息の支払い額

　　　　　　　　　　➡ 678万879円（36カ月分）

③ ① － ② = 710万8485円（利息削減額）

④ 借り換え費用 = 700万円

⑤ ③ ≒ ④

　B銀行に借り換えた場合、利息の支払い額が減少するため、借り換えの諸費用が36カ月（3年）で回収できることになります。

　今から3年以内に売却してしまうのであれば借り換えの必要はないかもしれませんが、長期で物件を所有する予定なのであれば、初期費用が発生したとしても借り換えの効果はあると考えられるわけです。

　固定金利期間中に借り換えをすると諸費用がかかるケースが多いですが、変動金利で借入をしていた場合には違約金が発生しないケースが多いので諸費用が少なく済む傾向があります（変動金利でも違約金がかかるケースもありますので必ず確認してください）。

　また、固定金利期間中は金融機関との金利交渉も難しいですが、変動金利であれば返済実績に応じて金利を下げてもらえる可能性もあります。ですので、変動金利で借入を行っている場合には、ほかの金融機関への借り換えではなく、現在借りている金融機関に働きかけて金利を下げてもらうようにすれば諸費用はかかりません。まずは、現在借りている金融機関に相談してみてください。

第3章

高く売却するテクニック、売却CFを増やすテクニック

実践編

3-1 売却による消費税を軽くする

第1章の最後に、「売却に伴う建物の消費税の納税」を取り上げました。課税事業者の期間に建物を売却した場合、建物代金に含まれる消費税を納税します。これを少しでも削減し、売却CFを増加させる方法を説明します。

☑ 売買契約書の記載方法で消費税の納税額が変わることを知る。
☑ 売主としての対処方法などを理解する。

売買契約書の記載で変わる消費税

　個人・法人を問わず、売却した事業年度が消費税の課税事業者である場合、収益不動産の建物代金に含まれている消費税を納税しなければなりません。

　「建物代金に含まれている消費税」ですから、**売却価額のうち、建物価額の金額が少なければ少ないほど消費税の納税は減少する**ことになります。

　例えば、売買契約書に売買価額として土地6,000万円、建物6,000万円と記載されていた場合、建物6,000万円に含まれている消費税約545万円のいくらかを納税することになります。

　一方、売買総額は同じとして、売買契約書に売買価額として土地7,000万円、建物5,000万円と記載されていた場合、建物5,000万円に含まれている消費税約454万円のいくらかを納税することになります。

　当然ながら、売却によるCFを増加させるためにも、後者の金額で売買契約書に土地と建物の金額を記載したいところです。では、そのような手段を実施できるのか、またそれによって税務署から否認されるようなことはないのかを見ていきましょう。

売主と買主の真逆の立場

例を使って説明します。まずは、売主と買主の状況を確認してください。

【売主の状況】

・消費税の課税事業者

・売却物件は事務所／店舗1棟ビル

・売買契約書には以下のように記載したいとの要望がある

売買価額総額 ➡ 3億円

建物3,300万円（うち消費税300万円）、土地2億6700万円

【買主の状況】

・消費税の課税事業者

・売買契約書には以下のように記載したいとの要望がある

売買価額総額 ➡ 3億円

建物1億円（うち消費税約909万円）、土地2億円

　買主の要望の根拠は、土地建物の固定資産税評価額が建物5,000万円、土地1億円なので、建物：土地＝1：2の割合になり、総額3億円であれば、建物1億円：土地2億円が妥当である。

　また、不動産鑑定の結果でも、建物は8,000万円、土地は2億円程度の評価であることが分かっている。

　売主と買主では、売買契約書の土地建物金額の内訳に記載したい金額がかなり異なっています。こういう場合、売主が要望しているとおりの金額を記載すると、実体とかなり乖離した建物価格を記載することになりますが、これは問題がないのかと疑問に思う方が多いでしょう。

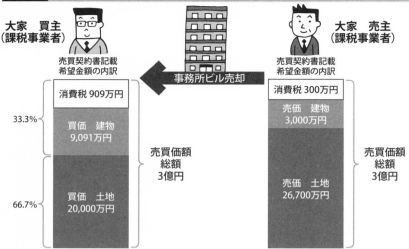

図3-1 売主と買主の売買契約書記載希望金額の内訳

大家　買主
（課税事業者）

売買契約書記載
希望金額の内訳

事務所ビル売却

大家　売主
（課税事業者）

売買契約書記載
希望金額の内訳

消費税 909万円

33.3%

買価　建物
9,091万円

売買価額
総額
3億円

66.7%

買価　土地
20,000万円

消費税 300万円

売価　建物
3,000万円

売買価額
総額
3億円

売価　土地
26,700万円

　売主の立場からすると、**今回の売主は消費税の課税事業者であるため、売買代金のうち建物価格に相当する消費税を納税**しなければなりません。建物価格を1億円として売却するのと3,000万円として売却するのでは、まったく消費税の納税額が変わってきます。そのため、売主はできるだけ建物価格を低くして売却したいと思っているのです。

　一方、買主の立場からすると、**今回の買主は消費税の課税事業者であるため、建物代金の消費税相当額を税務署から還付してもらえるメリット**があります。建物価格を1億円として購入するのと3,000万円として購入するのでは、まったく消費税の還付額が変わってきます。

　また、**減価償却の観点からも1億円の建物を帳簿上の資産として計上するほうが毎年の減価償却費を多く計上できる**ことになります。そのため、買主はできるだけ建物価格を高くして購入したいと思っているのです。

　つまり、売主と買主はまったく逆の思惑であるため、このような状況になっているのです。

　今回の例は、土地建物の内訳金額が実体とかなり乖離しており、売主は建物価格を恣意的に操作しているように感じられます。このようなケースについて、裁判例や裁決例では、固定資産税評価額の按分が正しいといっ

たり、契約書に記載された金額を採用すべきだといったり様々なようです。以下に裁決事例を示します。非常に読みづらいと思いますので、下線を中心にお読みください。

▼ ① 固定資産税評価額で按分すべきとした事例

大阪地裁H27.6.11判決　税務訴訟資料265-94

居住用マンション、一括取得土地建物の対価区分。

判示：課税資産である建物と非課税資産である土地とを同一の者に対して同時に譲渡した場合、<u>譲渡対価の額が合理的に区分されていないときは、建物の譲渡の対価の額について、土地建物の譲渡の対価の額を固定資産税評価額で按分して算定する</u>のが相当である。

▼ ② 契約書に記載された金額を採用すべきとした事例

国税不服審判所裁決H20.5.8

土地とともに一括取得した建物について、<u>売買契約書に記載された建物価額によらず、土地及び建物の各固定資産税評価額の価額比を基に算定した価額を減価償却資産の取得価額とし、かつ、課税仕入れに係る支払対価の額として、法人税並びに消費税及び地方消費税の各申告</u>をしたところ、原処分庁が、<u>売買契約書に記載された建物価額によるべきである</u>として、法人税及び消費税等の各更正処分等を行ったのに対し、請求人がその全部の取消しを求めた事案。

争点は、当該建物の取得価額及び課税仕入れに係る支払対価の額は、売買契約書に記載された建物価額によるべきか、売買代金総額を土地及び建物の各固定資産税評価額の価額比で按分して算定した価額によるべきかである。

判断：本件建物の課税仕入れに係る支払対価の額について（イ）消費税法第30条第6項において、課税仕入れに係る支払対価の額は、対価として支払い、又は支払うべき一切の金銭等（当該課税仕入れに係る消費税等を含む。）の額である旨を規定しているところ、課税資産である建物と非課税資産である土地とを一括して譲り受けた場合の課税仕入れに係る支払対価の額は、<u>売買契約書において土地建物の売買</u>

価額の総額とともに、内訳として土地、建物それぞれの価額が記載されている場合には、上記イの（イ）で述べたとおり、特段の事情が認められない限り、当該契約書における記載内容どおりの契約が成立したと認められるから、その価額に特段不合理な点が認められない限り、当該契約書の記載によるのが相当である。

※ 上記イの（イ）

本件建物の取得価額について（イ）

法人税法施行令第54条第1項第1号において、購入した減価償却資産の取得価額は、当該資産の購入の代価と当該資産を事業の用に供するために直接要した費用の額の合計額とする旨規定されているところ、土地及び建物を一括取得した場合の建物の取得価額については、売買契約書において土地建物の売買価額の総額とともに、内訳として土地、建物それぞれの価額が記載されている場合には、契約当事者が通謀して租税回避の意思や脱税目的等の下に、故意に実体と異なる内容を契約書に表示したなどの特段の事情が認められない限り、当該契約書における記載内容どおりの契約意思の下に契約が成立したものと認められるから、その価額に特段不合理な点が認められない限り、契約当事者双方の契約意思が表示された当該契約書記載の建物の価額によるのが相当である。

　②の裁決例から、今回の例は「契約当事者が通謀して租税回避の意思や脱税目的等の下に、故意に実体と異なる内容を契約書に表示したなどの特段の事情」に該当すると判断されますので、売主が要望する建物金額を記載することは避けるべきだと考えられます。

　では、売主はどのようにすれば少しでも消費税の納税額を少なくできるのでしょうか。

売主の対処方法と有利選択

　現在、国税庁のホームページ（https://www.nta.go.jp/taxes/shiraberu/taxanswer/shohi/6301_qa.htm）には以下のようなQ＆Aの記載があります。

▼ 建物と土地を一括譲渡した場合の建物代金

Q：建物と土地を一括譲渡した場合で、建物代金が区分されていない
　　ときは、建物代金はどのように計算したらよいでしょうか？

A：土地とその土地の上に存する建物を一括して譲渡した場合には、土
　　地の譲渡は非課税ですので、建物部分についてのみ課税されます。

この場合、譲渡代金を以下の方法などにより土地と建物部分に合理的
に区分する必要があります。

（1）譲渡時における土地および建物のそれぞれの時価の比率による
　　　按分

（2）相続税評価額や固定資産税評価額を基にした按分

（3）土地、建物の原価（取得費、造成費、一般管理費・販売費、支
　　　払利子等を含みます。）を基にした按分

なお、それぞれの対価につき、所得税または法人税の土地の譲渡等に
係る課税の特例の計算における取扱いにより区分しているときはその
区分した金額によることになります。

このQ＆Aを手がかりにすると、今回の例のような場合、売主は以下の
ようにしてはどうかと考えられます。

**売買契約書には土地と建物を別立てで表示せず、土地建物金額を総額表
示します。そして、会計上（1）の時価により按分し、建物価額を計算し
ます。**

**この時価は、不動産鑑定による査定結果も採用できますので、鑑定金額
により按分すれば、（2）の固定資産税評価額による按分よりも建物金額は
減少する**と考えられます。

先ほどの例で計算します。

時価は、不動産鑑定結果以外にも公示価格や近隣の取引事例を
参考にする場合もあります。

土地建物総額表示 ➡ 3億円

A：土地建物の固定資産税評価額按分

➡ 土地2億円、建物1億円（消費税は約909万円）

B：不動産鑑定価額による按分

➡ 不動産鑑定結果は建物8,000万円、土地2億円なので、建物28%：土地72%で按分

➡ 土地2億1600万円、建物8,400万円（消費税は約763万円）

図3-2 土地建物総額表示の場合の合理的按分方法

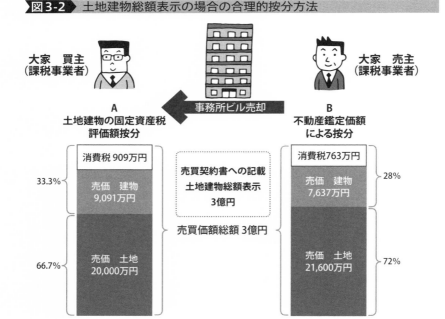

上記の**AかBかは、どちらを採用してもよく、納税者にとって有利なほうを選択**してください。

売買契約書に土地と建物を別立てで表示せず、土地建物金額を総額表示した場合、本来、売主側で按分計算した建物金額と買主側で按分計算した建物金額は一致していなければならないように思えますが、売主と買主がそれぞれ別の按分方法で計算し建物金額が異なっていたとしても、双方が合理的な計算根拠に基づくものであれば問題ないと考えられます。

　また、固定資産税評価額や不動産鑑定書をもとにした按分方法以外に以下のような方法も有効です。

▼ 相続税評価額を使った按分方法

　路線価が、公示地価の80％になるように設定されていることを使います。土地の路線価をベースにして計算した相続税評価額を80％で割り戻すことで土地の金額を算出します。売買価額から、その土地の金額を差し引くことで建物の金額を計算します。

▼ 「建物の標準的な建築価額表」を使った按分方法

　国税庁が提示する「建物の標準的な建築価額表」（197ページ）を用いた金額から経過年数に応じた減価償却費を差し引くことで売却時の建物の金額を求めます。売買価額から、その建物の金額を差し引くことで土地の金額を計算します。

　消費税の課税事業者である場合には、売買契約書の記載方法1つで消費税の納税額が変わってしまいますので、契約の前段階からよく検討する必要があります。

　消費税の免税事業者であれば消費税の納税はありませんが、土地と建物をそれぞれいくらで売却したか、売却した事業年度で認識しておく必要があります。その認識した建物金額が翌々期の事業年度に影響を及ぼすからです。この点については第4章で詳しく説明します。

3-2 売却による譲渡費用を 軽くする

個人でも法人でも収益不動産を売却する際、第1章で説明した「譲渡費用」が発生します。譲渡費用はキャッシュアウトを伴うものですので、費用の計算に間違いがないかを確認し、削減できるものは削減すべきです。

☑ 知っていれば簡単に削減できる可能性が高い譲渡費用について知る。
☑ 知っていれば簡単に確認でき、過払いを防げる譲渡費用について理解する。

知っていれば簡単に削減できる譲渡費用

売却時の譲渡費用にはいくつかの費用がありますが、**発生する可能性が高いのが「売買契約書の収入印紙」**です。

不動産売買の際には、不動産売買契約書を締結します。契約書を書面で作成する際には、収入印紙を貼る必要があります。書面で作成した契約書に収入印紙を貼って消印をしないと、税務上罰金（過怠税）の対象になります。収入印紙を貼付し、消印することで納税したことになるからです。

収入印紙の貼り忘れは、税務調査で契約書をチェックされることで判明しますので注意が必要です。

収入印紙の金額は、不動産売買契約書の記載金額に応じて変わります。図3-3に示すとおり200円から48万円まで幅が広いです。基本的に、売買契約書に記載された金額が大きくなればなるほど収入印紙の負担も増えます。

故意、過失に関係なく、印紙が正しく貼られていなければ、納めなかった印紙税額の3倍の過怠税が追徴されます。ちなみに、過去の契約書に印紙の貼り忘れなどがあったとしても5年を過ぎれば時効となります。

図3-3 収入印紙の税額

記載された契約金額		税額
10万円を超え	50万円以下のもの	200円
50万円を超え	100万円以下のもの	500円
100万円を超え	500万円以下のもの	1,000円
500万円を超え	1,000万円以下のもの	5,000円
1,000万円を超え	5,000万円以下のもの	1万円
5,000万円を超え	1億円以下のもの	3万円
1億円を超え	5億円以下のもの	6万円
5億円を超え	10億円以下のもの	16万円
10億円を超え	50億円以下のもの	32万円
50億円を超えるもの		48万円

出典：国税庁　不動産の譲渡、建設工事の請負に関する契約書に係る印紙税の軽減措置
https://www.nta.go.jp/taxes/shiraberu/taxanswer/inshi/7108.htm

　不動産売買では通常、書面の契約書を2通作成し、売主・買主双方が保管します。双方が原本を持つ場合には、契約書の原本1通ごとに収入印紙を貼らなければならなくなりますので、2通分の収入印紙が必要です。

　しかし実際には、**契約書を1通作り、その1通の売買契約書に売主・買主双方が署名捺印を行い、印紙は1通分だけ貼付して消印をし、そのあとコピーを取って写しを保管する**こともできます。原本の写しを作成し、それを控えとして保存する場合は課税文書に該当しないため、税法上は印紙税の脱税にはなりません。しかし、この写しに手を加えた場合は原本と同様に課税文書となりますので気をつけてください。

　ちなみに契約書の原本も写しも、契約当事者間の合意を明らかにできるため契約の効力は同じです。

　契約後の原本と写しは、基本的に売主が写しを保管し、買主が原本を保管することが多いです。買主が原本を保管するのは、買主がローンを組む

場合、金融機関に売買契約書の原本を提示しなければならないことがあるからです。

　このように**1通だけ書面による契約書を作成した場合、収入印紙も1通分で済みますが、その1通分の印紙代は通常、買主・売主双方で折半にすることが多い**です。契約書原本を2通作成するよりも収入印紙代の削減になります。

　書面による契約書の作成を1通だけにして、印紙代を売主・買主で折半できないか売買契約書を締結する前に交渉してみてください。売買契約書の印紙代が半分になるのとならないのとではやはり違います。

　また、収入印紙の削減は、もちろん売却時だけでなく購入時も同様に可能です。

▼ 電子契約なら収入印紙は不要

　書面で売買契約書を作成する場合には収入印紙の貼り付けが必要になりますが、**書面ではなく電子契約の方法で締結する場合には収入印紙が一切必要ありません。**

　なぜ電子契約では収入印紙が不要かというと、**印紙税法上の課税文書の作成に該当しなくなるから**です。

　電子契約の方法は、契約内容をまとめたファイルをシステム上にアップロードし、買主・売主が電子署名を行います。**電子署名された電子ファイルが契約書の原本**となります。ですので、電子ファイルを印刷し、写しを保管したとしても、その写しに収入印紙を貼り付ける必要はありません。

　電子契約を採用すると収入印紙の費用はすべて削減できますので、電子契約で対応可能かどうかを必ず不動産仲介業者に確認するようにしてください。

知っていれば簡単に確認でき、過払いを防げる譲渡費用

　売却時の譲渡費用で一番キャッシュアウトが大きく、発生の可能性が高いのが、**不動産仲介業者に支払う仲介手数料**です。

　不動産仲介業者と媒介契約を締結し、無事に物件を売却できたら、その

報酬として仲介手数料を支払います。宅地建物取引業法により不動産仲介業者が受け取れる仲介手数料には上限額があり、図3-4のように定められています。

図3-4 仲介手数料の報酬額

取引額	報酬額（税抜）
取引額200万円以下の金額	取引額の5%以内
取引額200万円を超え　400万円以下の金額	取引額の4%以内
取引額400万円を超える金額	取引額の3%以内

【仲介手数料の上限額の計算例】
売買価格が1,000万円の土地の仲介手数料の上限額
　① 200万円までの部分
　　➡ 200万円 × 5% = 10万円
　② 200万円超 400万円までの部分
　　➡ 200万円 × 4% = 8万円
　③ 400万円超 1,000万円までの部分
　　➡ 600万円 × 3% = 18万円
　④ ① + ② + ③ = 36万円（税抜）

　400万円を超える物件については、以下の式で仲介手数料の上限額を速算することができる
　　➡ 取引額 × 3% + 6万円（税抜）

　上記の算式により算出されるのはあくまでも「上限」金額なので、この算出額を下回っていてもまったく問題ありません。上限金額は参考として、売買価額が高額であれば取引額の2%や1.5%などに値引き交渉することも1つの方法です。

さて、仲介手数料の値引き以外にも、きちんと確認しておくべき点があります。

それは、**仲介手数料の計算を行う際にパーセンテージを掛ける「取引額」**についてです。

国土交通省が定める「宅地建物取引業者が宅地又は建物の売買等に関して受けることができる報酬の額」によると、宅地建物取引業者が宅地・建物の売買または交換の媒介に関して依頼者から受けることのできる報酬の額は、売買に関する代金の額のうち売買の消費税等相当額を含まないものを基準とすることが定められています。

つまり、**「取引額」は消費税を含まない税抜金額にしなければならない**、ということです。

具体例を挙げましょう。物件価額は、売買契約書に以下のように記載されているとします。

・土地建物の売買価額 ➡ 1億円（消費税等相当額500万円を含む）

土地にかかる消費税は非課税なので、500万円の消費税は建物に対するものとなります。

【正しい仲介手数料の計算】
取引額 ＝ 1億円 − 500万円 ＝ 9,500万円
（9,500万円 × 3％ ＋ 6万円）× 1.1 ＝ 320万1,000円

【誤った仲介手数料の計算】
（1億円 × 3％ ＋ 6万円）× 1.1 ＝ 336万6000円

誤った取引額で仲介手数料が計算されてしまうと、仲介手数料の支払いが多くなってしまいますので、不動産仲介業者を信頼するばかりでなく、ご自身でも今一度確認して間違いのない報酬を支払いましょう。万が一、不動産会社が上限額を超える仲介手数料を受け取った場合は法令違反とな

ります。

　もし**売買契約書に消費税などの記載がない場合や、土地建物の内訳が不明な場合には合理的に按分して税抜の取引額を算出する必要がある**ことも覚えておいてください。

　この仲介手数料の削減＆確認については、売却時だけでなく購入時もまったく同様となります。

2022年5月から不動産取引における書面の電子化が全面解禁されたことにより電子契約による締結が徐々に増えています。書類の保管場所に困らないですし、スピーディに契約を結ぶこともできて、印紙が不要となる以外にもメリットが大きい手段です。

火災保険の引き継ぎで CFを増やす

個人でも法人でも物件の火災保険に加入している場合は、収益不動産を売却したあとで解約の連絡をするはずです。ここで紹介する方法は、購入時にも売却時にも効果的なテクニックです。

☑ 収益不動産の購入時における火災保険の引き継ぎとは何か理解する。
☑ 収益不動産の売却時に価格交渉の材料として使ってみる。

収益不動産購入時の火災保険の引き継ぎ

　まず、収益不動産の購入時（入口）における火災保険のテクニックから説明します。これは、先に購入時（入口）のお話をして、次に売却時（出口）における火災保険のテクニックを説明したほうが分かりやすいためです。

　中古の収益不動産を購入する際、新規に保険会社と契約して火災保険・地震保険に加入している方がほとんどではないでしょうか。ここで紹介するテクニックは、**新規で加入するのではなく、売主がすでに加入している火災保険を買い取ってそのまま条件を引き継ぐ**ものです。このようなテクニックを購入時に駆使している方は少数派だと思いますが、買主にとってはメリットが大きいものです。

　まず大前提として、このテクニックは中古物件の購入時にしか対象になりません。新築なら、まだ誰もその物件に保険を掛けているわけがないからです。

　中古物件である以外は、物件の築年数や構造などは特に関係がありません。ただし、売主がそもそも火災保険に加入していなければ対象外です。そのため、**最初に売主が火災保険に加入しているかどうかを確認**してください。

加入していることが分かったら火災保険証券を入手してください。火災保険証券に記載されている**保険期間や補償内容をチェック**しましょう。

今は火災保険の保険期間は最大5年ですが、数年前までは最長36年掛けられるものもありました。今では「お宝保険」といわれています。長期契約をしていると保険料の割引があるので、1年あたりの保険料が安くなっています。さらに、数年前と比べると自然災害の増加に伴い現在の保険料率は格段にアップしています。**同じ補償内容であっても、今から新規で加入するほうが保険料は高い**ことになります。

一方で、売主の既存契約の保険期間が1年であったり、もうすぐ保険が切れてしまうような契約内容であれば、買い取って引き継ぐメリットは少なくなります。

補償内容については、火災だけでなく風水害がカバーされているかどうか、免責金額がいくらに設定されているかなど、設定条件を細かくチェックしてください。もし水害など必要なものがカバーされていない場合、売主から保険を買い取ったあとにご自身で条件を加えることができませんので補償内容の充実度合いが重要になります。

火災保険証券のチェックが終わって、引き継ぐ価値のある保険内容であれば、いざ売主に交渉開始です。

買取金額は、解約返戻金相当額なら問題ありません。売主は、もし買主に保険を引き継がない場合、既存の保険を解約して保険会社から解約時点の解約返戻金をもらうことになるからです。**売主からしてみれば、保険会社から解約返戻金が戻ってくるか、買主からそれと同額の金額をもらうかの差ですので損はありません。**

ですから、交渉時はそれほど揉めるようなことはないはずです。保険を引き継ぐことによって、**売主にとっては損がなく、買主にとっては支払う保険料を削減できる**可能性が高いといえます。

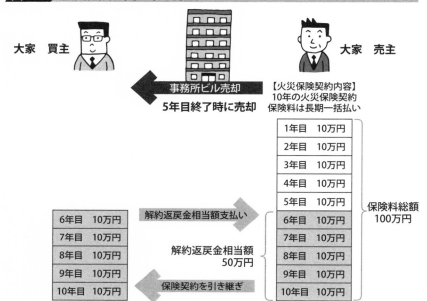

図3-5 ▶ 火災保険の買い取り方法

　売主から好条件の保険を買い取って引き継ぐことができれば、物件取得後のCFは確実に変わります。

火災保険の引き継ぎを価格交渉の材料にする

　先ほどの、買主の立場での火災保険の買い取りテクニックを売却時に応用します。

　売却の際に、買主側から売買価額の値引き交渉が発生することは多いです。いわゆる指値です。指値されると、媒介業者は買主と売主の間に入って交渉・調整をすることになります。

　売主にとって、買主の意向に従って売買価額を下げることは簡単で、その分早く売却できるかもしれませんが、当然売却によるCFは減少してしまいます。かといって、まったく指値に応じないと交渉が進まなくなる可能性もあります。

　そこで、**ご自身が加入している火災保険の引き継ぎを価格交渉の材料と**

してみるのです。

　例えば、**売買価額を下げることは難しいけれど、現在加入している火災保険を解約返戻金相当額で引き継げるようにしてあげれば、買主にとっては保険料を削減でき、売主にとってはノーリスクかつ金銭的負担もありません**。売主が長期一時払いの契約期間が長い火災保険に加入している場合や、風水害などの補償内容が充実した火災保険に加入している場合は交渉材料として威力を発揮するはずです。

3
-
3

火災保険は、ここ10年ほどで以下のように頻繁に改定されています。つまり、お宝保険の価値が高まっているわけです。
・2015年10月以降 ➡ 保険料率アップ。最長36年の保険期間を最長10年に短縮
・2019年10月以降 ➡ 保険料率アップ
・2021年 1月以降 ➡ 保険料率アップ
・2022年10月以降 ➡ 保険料率アップ。最長10年の保険期間を最長5年に短縮

個人が使える特別控除で所得税を軽くする

個人がマイホームや収益不動産を売却した場合に適用できる特別控除の中から、ここでは4つを取り上げます。適用要件に当てはまれば、確定申告をすることによって税金を減らすことができます。

☑ 特別控除を使う場合の計算方法を確認する。
☑ 特別控除の内容や適用要件を理解する。

特別控除を使う場合の計算方法

　個人の売却益の計算上、譲渡所得税や住民税を減らすことができる特別控除について説明します。適用要件に該当すれば大きな節税になりますので、対象になるかどうかをしっかりと確認してください。

　ここでは、マイホームや空き家を売却したときの特別控除に、不動産投資家にも関係が深い特別控除を加えた以下の4つを紹介します。

① マイホーム（居住用財産）を売った場合の3,000万円の特別控除の特例
② 被相続人の居住用財産（空き家）を売った場合の3,000万円の特別控除の特例
③ 2009年、2010年に取得した、国内にある土地を譲渡した場合の1,000万円の特別控除の特例
④ 低未利用土地等を売った場合の100万円の特別控除の特例

もし特別控除が適用できた場合は以下のような計算式になります。

$$譲渡所得 = 売却価額 + \frac{固定資産税}{精算金} - 取得費 - \frac{譲渡}{費用} - 特別控除$$

特別控除を使う場合、1つ大きな注意点があります。

通常は、特別控除を使う前段階、つまり「売却価額 ＋ 固定資産税精算金 － 取得費 － 譲渡費用」で計算した結果、ゼロ以下であれば譲渡所得は確定申告不要となります。

しかし、「**売却価額 ＋ 固定資産税精算金 － 取得費 － 譲渡費用 － 特別控除**」の場合は、計算の結果、譲渡所得がゼロ以下になったとしても所得税の確定申告をしなければいけません。これは、「**適用要件に合致したので、その特例を使いましたよ**」という意思表示を確定申告でしなければならない、ということです。

① マイホーム（居住用財産）を売った場合の特例

この特例は、マイホームを売ったときに、**所有期間の長短に関係なく譲渡所得から最高3,000万円まで控除できる**ものです。3,000万円特別控除の適用要件は全部で6つあります。

① 現在、住んでいる自宅であること

　転居済みの場合、転居日から3年を経過する日の属する年の12月末までに売却すること。

　単身赴任の場合、配偶者、扶養親族その他生計を一にする親族が住んでいること。

　住んでいた建物を取り壊した場合には、その敷地の売買契約を、取り壊した日から1年以内に締結すること。また、取り壊してから売買契約締結日まで賃貸しないこと。

② 売却した年の前年、前々年に、3,000万円の特別控除またはマイホームの譲渡損失が出た場合の損益通算および損失の繰越控除の特例の適用を受けていないこと

③ 売却した年、その前年および前々年に、マイホームの買い換えや交換の特例を受けていないこと

④ 売却したマイホームに関して、収用等の特別控除などほかの特例の適用を受けていないこと

⑤ 災害によって滅失したマイホームを売却する場合、住まなくなった日から3年を経過する日の属する年の12月末までに売ること

⑥ 売り手と買い手が親族や夫婦、同族会社など特殊な関係でないこと

これ以外に知っておいたほうがよいポイントを6つ、以下にまとめます。

① マイホームを共有している場合は、**適用できるかどうかは共有者ごとに判断**します。共有者それぞれが特別控除の適用を受けることができる場合、**各人ごとに最高3,000万円まで控除が受けられます。**

② マイホームの一部を賃貸として貸し出している賃貸併用の場合も控除の対象となりますが、ご自身の居住用部分に限ります。

③ マイホームの一部が店舗になっている店舗併用の場合も控除の対象となりますが、ご自身の居住用部分に限ります。

④ 売却した年の1月1日時点で所有期間が10年超の場合の**マイホームの軽減税率の特例は、3,000万円の特別控除と併用**できます。これは、 1-1 の譲渡所得の税率でお伝えした内容になります。

⑤ マイホームの売却後、新たなマイホームの購入をした場合で、新たなマイホームについて**住宅ローン控除を受ける場合には、3,000万円の特別控除は適用できません。併用不可なので、どちらか有利なほうを選択**してください。

⑥ 3,000万円の特別控除は、住まなくなった日から3年を経過する日の属する年の12月31日までに売ることが条件となりますが、**住んでいない3年くらいの間、どのように利用していたかは問われないので、賃貸に出していても問題ありません。**

この特例は以下のような家屋には適用されません。
・特例の適用を受けることだけを目的として入居した家屋
・居住用家屋を新築する期間中だけ仮住まいとして使った家屋や一時的な目的で入居した家屋
・別荘など趣味や保養のための家屋

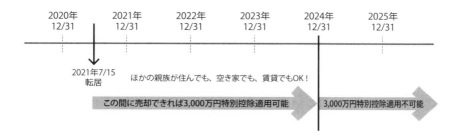

図3-6 ▶ 3,000万円特別控除適用可能期間と用途

② 被相続人の居住用財産（空き家）を売った場合の特例

　この特例は、亡くなった人（被相続人）が居住していた家屋が空き家となり、**空き家を相続した相続人が、耐震改修が行われた空き家と土地、または空き家を解体した土地を2024年1月1日から2027年12月31日までの間に売却した場合、家屋または土地の譲渡所得から3,000万円を特別控除**できるものです。

　これまでに述べてきたとおり、基本的な譲渡所得の計算は以下の算式で行います。

$$
売却価額 - \left(取得費: \frac{土地建物の}{購入時の価額} - \frac{建物の}{減価償却費} \right) - \frac{譲渡}{費用} (仲介手数料など)
$$

　例えば、両親がマイホームとして土地を2,000万円、建物を2,000万円で購入していたとします。30年経過後、両親が亡くなり、土地建物を相続した子どもが4,000万円で売却したとします。30年間の建物の減価償却費は1,840万円、売却時の仲介手数料は140万円とします。

　そうすると、譲渡所得 ＝ 売価4,000万円 －（土地2,000万円 ＋ 建物2,000万円 － 減価償却費1,840万円）－ 仲介手数料140万円 ＝ 1,700万円となります。

　もし相続してから売却時までずっと空き家になっており、空き家に関する特別控除が適用できた場合には、この1,700万円の譲渡所得から最大

3,000万円を控除できることになります。

　よって、譲渡所得 ＝ 売価4,000万円 －（土地2,000万円 ＋ 建物2,000万円 － 減価償却費1,840万円）－ 仲介手数料140万円 － 特別控除1,700万円 ＝ 0円となり、まったく譲渡所得が発生しなくなり、1円も税金は課されないのです。

　この特例の適用を受けるためにクリアしなければならない要件について説明します。

実践編

　まず、この特例の対象となる**「亡くなった人のマイホーム」**および**「亡くなった人のマイホームの土地」は以下の3つの要件すべてに当てはまるもの**をいいます。

① 1981年5月31日以前に建築されたこと

② 区分所有建物登記がされている建物でないこと

③ 相続の開始直前に、亡くなった人以外に居住をしていた人がいなかったこと

その上で特例の適用を受けるための要件は以下となります。

① 売った人が、亡くなった人のマイホームと、マイホームの土地を相続により取得したこと

② 以下のAまたはBの売却をしたこと

　A：亡くなった人のマイホームを売るか、亡くなった人のマイホームと敷地を売る場合

　・相続のときから譲渡のときまで事業用、貸付用、居住用に使用していない

　・譲渡の日の属する年の翌年2月15日までの間にマイホームが一定の耐震基準を満たしている

B：亡くなった人のマイホームを取り壊してから敷地を売る場合
・相続のときから譲渡のときまで事業用、貸付用、居住用に使用していない
・取り壊し後にほかの建物や構築物などを建築していない
・2024年1月以降に行う譲渡は、譲渡の日の属する年の翌年2月15日までの間に取り壊しをすれば特例適用可

③ 相続の開始があった日から3年を経過する日の属する年の12月31日までに売ること
④ 売却代金が1億円以下であること
⑤ 売った家屋や土地に関して、相続財産を譲渡した場合の取得費の特例や収用等の特別控除などほかの特例の適用を受けていないこと
⑥ 同一の被相続人から相続により取得した被相続人居住用家屋または被相続人居住用家屋の土地に関して、この特例の適用を受けていないこと
⑦ 親子や夫婦など特別の関係がある人に対して売ったものでないこと

　この特例は、空き家問題が取り上げられるようになるにつれて認知度が高まってきました。2023年度の税制改正で適用要件が緩和され、使いやすさもアップしています。

被相続人の居住用財産（空き家）を売った場合の特例は、亡くなった人の家屋と敷地の両方を取得した個人にしか適用されません。つまり、家屋だけ、敷地だけを取得した人には適用されないということです。意外に見落としがちなポイントですのでご注意を。

③ 2009年、2010年に取得した土地を譲渡した場合の特例

　皆さんが所有している土地の中に、平成の時期に購入したものはあるでしょうか。もしそれが、**2009年もしくは2010年に購入した土地であれば売却のチャンス**です。なぜなら、**売却により土地の売却益が出たとしても最大1,000万円まで売却益から控除**されるからです。

　この特例の詳細を以下にまとめます。

> ・適用対象者 ➡ 2009年1月1日から2010年12月31日までに国内の土地を取得した個人で、譲渡した年の1月1日時点で5年超所有した場合
> ・控除額 ➡ 1,000万円
> ・土地の範囲 ➡ 国内の土地に限定。居住用、事業用いずれの土地の場合も対象になる。棚卸資産は除く
> ・取得先の制限 ➡ 配偶者、直系血族、同一生計親族、同族会社から取得した土地は適用対象外。相続、遺贈、贈与、交換により取得した土地も適用対象外
> ・売却先の制限 ➡ 特になし
> ・1,000万円控除の制限 ➡ 同一暦年ごとに1,000万円が限度
> ・併用不可の特例 ➡ マイホーム（居住用財産）を売った場合の特例、収用の場合の5,000万円の特例、各種交換・買い替え特例

図3-7 適用対象期間

土地取得	保有が必要な期間					売却可能期間		
2009年	2010年	2011年	2012年	2013年	2014年	2015年	2016年	2017年

土地取得	保有が必要な期間					売却可能期間		
2010年	2011年	2012年	2013年	2014年	2015年	2016年	2017年	2018年

この特例を利用して第三者に売却するのも1つですが、この特例には売却先の制限がありませんので、**ご自身の法人を設立してその法人に売却するのもメリット**があります。いわゆる法人化ということです。

　例を挙げて説明します。個人のAさんは2010年に購入した収益不動産（土地：簿価2,000万円、建物：簿価3,000万円）を所有しています。2024年にAさんの出資によりA法人を設立し、個人の収益不動産を法人に売却しようと考えています。

　個人から法人に売却する際の売却価格は「時価」が基本となります。不動産鑑定により2024年の時価を算出してもらうと、土地は時価3,000万円、建物は時価4,000万円と判明し、その価格で売却することになりました。

　個人の譲渡所得の計算は、この特例を使うと以下のようになります。

土地 ➡ 譲渡収入3,000万円 − 簿価2,000万円 − 特別控除1,000万円 ＝ 0
建物 ➡ 譲渡収入4,000万円 − 簿価3,000万円 ＝ 1,000万円
譲渡所得税 ➡ 1,000万円 × 15% ＝ 150万円

　土地の譲渡所得はゼロになりました。建物は譲渡所得税が発生しますが、デメリットばかりではありません。なぜなら、法人側では建物を4,000万円で取得しているわけですから、法人での所有後は当初よりも多く建物の減価償却費を計上していくことが可能になるからです。さらに、**法人所有にしたあと第三者に売却する際には土地と建物の簿価が当初より高くなっていますので譲渡益も出にくくなります。**

　この特例のポイントは2つあります。

　① 土地の売却益にしか適用できません。**間違って建物の売却益にまで適用しない**ことです。売価を土地と建物に分けて、その上でそれぞれの譲渡所得を計算するようにしてください。

　② 適用要件に当てはまっているにもかかわらず、この特例を使いそびれてしまうケースが多いです。顧問税理士が適用を忘れて、譲渡所得税を過大に払っている申告書を見たことがあります。もし**適用漏れがあり、過大**

に税金を納めていた場合には、「**更正の請求**」という手続きを取ることで払いすぎた税金を取り戻すことができます。ただし、**法定申告期限から5年以内**に手続きをしなければなりません。

　最後に、**この特例とほぼ同じ内容の特別控除が法人にも用意**されています。法人で2009年、2010年に購入した土地を売却した場合には、特別控除を適用できないかチェックしてみることをお勧めします。

④ 低未利用土地等を売った場合の特例

　個人が、**2023年1月1日から2025年12月31日までの間に、市街化区域または都市計画区域内にある低額な土地を800万円以下で売った場合**には、その年の譲渡所得の金額から**100万円を控除する**ことができます。

　この特例の適用を受けるための要件は以下のとおりです。

① 売った土地などが、市街化区域または都市計画区域内にある低未利用土地等であること。低未利用土地等は、空き地、空き家、空き店舗などが存する土地のこと
② 売った年の1月1日において所有期間が5年を超えること
③ 売り手と買い手が、親子や夫婦など特別な関係でないこと。特別な関係には、生計を一にする親族、内縁関係にある人、特殊な関係のある法人なども含まれる
④ 売った金額が、低未利用土地等の上にある建物の対価を含めて800万円以下であること
⑤ 売ったあとに低未利用土地等の利用がされること。ただし、売却後に土地をコインパーキングとして利用する場合には適用不可となる
⑥ 低未利用土地等と一筆であった土地から前年または前々年に分筆された土地と土地の上に存する権利について、前年または前々年にこの特例の適用を受けていないこと
⑦ 売った土地について、収用等の場合の特別控除や事業用資産を買い換えた場合の課税の繰延など、ほかの譲渡所得の特例の適用を受けていないこと

この特例はまだあまり認知されていませんが、2023年度の税制改正で期間が延長され、適用要件も緩和されました。延長されたということは、空き家だけでなく空き地も年々増加しているということでしょう。これは、不動産投資家や不動産業者にとってはチャンスといえます。

　国としては、個人が売却しやすい状況を税務的に作り出すことによって、不動産投資家や不動産業者に買い取ってもらい、その後事業に活用し、空き地を減らしたいという狙いがうかがえます。不動産取引や不動産活用を積極的に行ってもらうことで税収アップも期待しているはずです。これから賃貸経営や不動産事業を拡大したい方にとって、国と思惑が一致した特例といえると思います。

オペレーティングリースで
売却益を圧縮する

不動産の売却により売却益が多額になると連動して税金も膨らみます。ここでは、節税方法の1つとして最新のオペレーティングリースを紹介します。従来のオペレーティングリースとの違いに着目してください。

- ☑ オペレーティングリースの仕組みと収益構造を知る。
- ☑ オペレーティングリースが節税になる理由を理解する。

オペレーティングリースの仕組み

　収益不動産を売却して大きな売却益が発生した場合に活用できるのがオペレーティングリースです。これは、**個人ではなく法人での対策**になります。

　オペレーティングリースは、簡単にいえば以下のような取引内容になります。

- ・法人（投資家）がリース事業に出資する
- ・リース期間中の事業損益を自社で計上する
- ・リース期間満了時にリース物件を売却して自社で売却益を計上する

これを詳細化すると以下のようになります。

① 匿名組合は、投資家（出資者）から出資を募る
② 匿名組合は、必要に応じて銀行などの金融機関から借入を行う
③ 匿名組合は、集まった資金でメーカーからリース物件を購入する
　（リース物件自体は匿名組合の所有なので匿名組合の資産を形成する）
④ リース物件を賃借人へリースする
⑤ 匿名組合は、賃借人からリース料を得て収益とする

⑥ 匿名組合は、金融機関へ借入金の返済を行う

⑦ リース料の収益から費用を差し引いた残りを出資分に応じて投資家へ分配する

⑧ リース期間が満了したらリース物件を市場へ売却する

図3-8 オペレーティングリースの仕組み

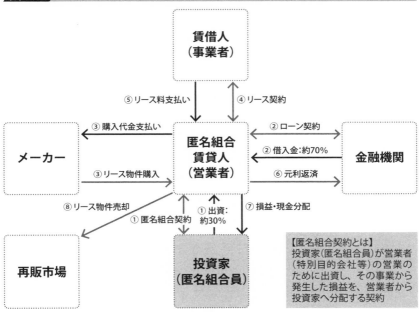

オペレーティングリースの収益構造

図3-9は、上記の⑤～⑧の損益を図にしたものです。

Ⓐのリース開始年は、リース料の収益が発生しますが、リース物件の減価償却費の計上によって収益を上回る巨額の損失（赤字）が生じることになります。そして、**この損失（赤字）は、匿名組合員である法人に帰属し分配される**ことになります。

例えば、匿名組合員であるＡ法人が1,000万円の損失の分配を受けたとしたら、それをＡ法人では損金として計上するため、所得が圧縮されて節

税になります。©のようにリース期間が終了し、匿名組合がリース物件を売却したときは、売却による分配金はA法人の収益として計上されます。

図3-9 オペレーティングリースの収益構造

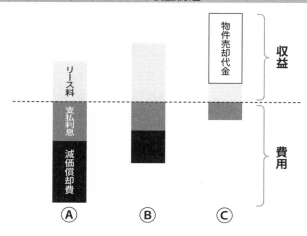

匿名組合で発生した損失であるにもかかわらず、出資しただけの匿名組合員の法人の損失として計上できるのでしょうか。

金融商品取引法第2条第2項第5号によると、匿名組合契約に基づき利益の分配を受けられる権利は、金融商品取引法の「みなし有価証券」として金融商品に当たるとされています。また、匿名組合における出資側の会計処理は、「金融商品会計に関する実務指針」に規定されています。**出資金については匿名組合の財産の持分相当額を有価証券として計上し、匿名組合から生じた損益の持分相当額は当期の損益として計上する**、と定められているのです。

最新のオペレーティングリース

オペレーティングリースがなぜ節税になるのか、ここからは仕訳を使って説明します。出資時点、リース期間中、リース期間満了による売却時までの仕訳を見てください。前提条件として、法人の決算期は12月末、出資金は1,000万円とします。

【法人が匿名組合に出資時】

2024年1月

借方		貸方	
有価証券	1,000万円	現預金	1,000万円

【リース期間中】

2024年12月期

借方		貸方	
投資損失	1,200万円	未払金	1,200万円

2025年12月期

借方		貸方	
未払金	200万円	投資利益	200万円

【リース期間満了時】

2026年12月期

借方		貸方	
未払金	1,000万円	投資利益	1,050万円
現預金	1,050万円	有価証券	1,000万円

　2024年12月期の事業年度に、法人は匿名組合に出資を行います。また、同事業年度中に法人で所有している収益不動産の売却を行い、それに伴う売却益が大きく発生している状態だとします。

　一方で、2024年12月期には匿名組合から生じた投資損失を法人の損失として認識することになりますので、**不動産の売却益をオペレーティングリースの投資損失を使って圧縮**することができます。しかし、**2年後の2026年12月期にはリース物件の売却による投資利益が計上されることになりますので利益の繰延**になってしまいます。

ただ、今回のオペレーティングリースは、一般的なオペレーティングリースと比べて違いがあります。それは、**リース期間**です。一般的なオペレーティングリースで代表的なものは、航空機、ヘリコプター、船舶、コンテナなどのように不動産とまったく関係のない動産であることが多く、航空機などのリース期間は6年から12年と長くなるのが特徴的です。しかし、137ページの仕訳例のように**リース期間が2年間と短期なものもある**のです。リース期間が短くなる理由は、ここで想定しているリース物件が中古のパチンコ機器だからです。

　パチンコ機器の法定耐用年数は2年であるため、リース期間も2年となっています。リース期間が短いことで、**売却益の圧縮をしたあと、早期に投下した資金を回収できる**のです。リース期間が短いと、リース物件を再販市場へ売却する際の価格下落も緩和されやすくなります。資金を投下することにより売却益を圧縮したいものの、長期的に資金が寝てしまうことがオペレーティングリーススキームのネックでしたが、リース期間を短くすることで、投下資金を早く回収し、次の収益不動産に資金を回しやすくなるのです。

メリット・デメリット、活用方法をおさえる

　最後に、オペレーティングリースのメリット・デメリットと活用方法をまとめます。

▼ オペレーティングリースのメリット

・物件売却益などの突発的かつ多額の利益を圧縮できる

・課税の繰延効果により、将来発生する投資や費用への準備ができる

・生命保険では対応できない大型損金の計上ができる

・支払いは原則、初回のみなので継続的な支払いが不要

▼ オペレーティングリースのデメリット

・中途解約ができないため資金が一時期寝てしまう

・リース物件の再販時に価格下落リスクがある。出資元本が毀損する

可能性がある

・損金計上は持続できない

▼ 活用方法 ― **一時的な利益対策** ―

・不動産、株式、事業などの売却による利益圧縮
・法人で加入している各種保険の受取保険金への対応
・過去のオペレーティングリースの償還益への対応

▼ 活用方法 ― **中期的な財務計画** ―

・修繕費など将来発生する費用の準備
・役員退職金の支払いの準備

　リース期間が満了すると、リース物件の売却による分配金が匿名組合から支払われますので、この分配金を役員退職金の原資とします。**リース物件の売却による分配金は収益として計上されますが、同時期に役員退職金を支給すれば、退職金としての費用と相殺される**ことになります。

▼ 活用方法 ―**事業承継対策**―

・自社株の評価減対策

　匿名組合へ出資すると、リース物件の減価償却費の計上による大きな損失が匿名組合員の法人で計上されます。これにより**法人の株価が下がりますので、そのタイミングで後継者へ株式を贈与**します。株価を下げることにより後継者へ移転する株式数を増やせ、株の移転にまつわる税金を抑えることができます。

大手リース会社などが手がける航空機オペレーティングリース投資は、短期的な損金算入率が高く、収益も比較的安定し、中小企業の節税対策として人気を集めてきました。しかし、航空会社の経営破綻によりリース投資のスキームが事実上頓挫し、トラブルになっているケースもあります。

3-6 売却益を圧縮するテクニック

法人で使える、オペレーティングリース以外の売却益を圧縮する方策を見ていきます。それぞれの方策について、どのような準備が必要で、どのくらい節税になるのかをおさえてください。

☑ 法人で使える各種節税対策について内容を理解する。
☑ 節税対策を行うための事前準備について確認する。

物件売却時に決算期を変更する

　収益不動産を売却すると、多額の売却益による法人税等が多く発生する場合があります。**売却益による法人税等を圧縮するための手段の1つとして「決算期の変更」があります。**

　決算期を変更すると、なぜ売却益による法人税等の圧縮になるのかを説明します。まずは、決算期を変更しない場合の図3-10を見てください。

図3-10 決算期を変更しない場合

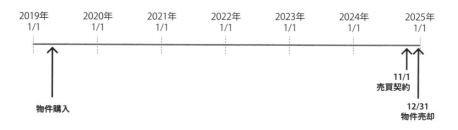

　2019年の期中に1棟の収益不動産を購入したとします。その後、2024年の11月1日に売却のために売買契約を締結します。そして、2024年の12月31日に収益不動産の引き渡しが行われ、売却が完了します。

次に、決算期を変更した場合の図3-11を見てください。

図3-11 決算期を変更した場合

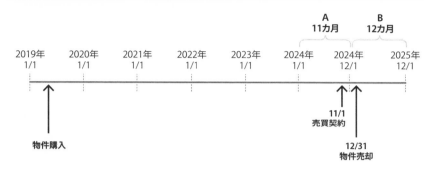

この法人はもともと12月末決算でしたが、2024年から11月末決算に変更することとします。そうすることで、「A：2024年1月1日〜2024年11月30日（11カ月の事業年度）」と、「B：2024年12月1日〜2025年11月30日（12カ月の事業年度）」に分かれることになります。

▼ A：2024年1月1日〜2024年11月30日（11カ月の事業年度）

図3-11に示したとおり、売買契約は2024年11月1日に締結するものの、実際の引き渡し（所有権移転）は翌期の2024年12月31日のため、売却による利益は認識しません。物件所有による利益のみが発生します。

▼ B：2024年12月1日〜2025年11月30日（12カ月の事業年度）

実際の引き渡し（所有権移転）が行われるため、売却による利益を認識します。2024年12月31日に引き渡されるため、物件所有による利益も発生しますが、2024年12月1日〜12月31日までの1カ月分となります。

決算期を変更することにより、売却前の事業年度Aと売却完了の事業年度Bに分かれます。AとBに分けることで、**売却による利益を圧縮するための節税対策を検討する時間が圧倒的に増やせます。**

図3-10では、2024年11月1日に売買契約を締結し、12月31日に売却

するため、売却益を圧縮するための節税対策を検討したり、その対策を実行する時間が決算まで1〜2カ月くらいしかありません。一方で、図3-11のように決算期を変更すると、2024年11月1日〜2025年11月30日までの1年以上の期間、節税対策を検討・実行することができます。

　決算期の変更により節税対策を考える時間を確保できた場合、私が所属する税理士法人では以下のような対策をクライアントと検討しています。

実践編

▼ 役員報酬を増額する

　法人の役員に支払う報酬には、「定期同額給与」という規定があります。これは、「毎月同じ給与を支払う」ということです。役員報酬を容易に変更できるとなれば、「今期は利益が増えそうだから、期中に役員報酬を増額しよう」など、恣意的な節税ができてしまうので、利益調整を防ぐためにこのような規定があります。

　ただし、一切変更できないわけではなく、**事業年度開始日から3カ月以内であれば変更が可能**です。

　決算期を変更しなければ、いきなり期の途中から役員報酬を増加させることはできません。決算期を変更することで、売却前の事業年度では役員報酬を毎月10万円支払っていたとしても、売却完了の事業年度開始日から3カ月以内であれば、役員報酬を30万円と決めることで変更可能です。

　先ほどの例でいうと、**2024年12月分から30万円にアップすれば、30万円 × 12カ月分 ＝ 360万円の費用を法人で計上でき、その分売却益が圧縮される**、ということです。

　1点注意したいのは、360万円の役員報酬は法人では経費になりますが、個人では所得税が課税されることです。法人税等と個人の所得税のバランスを考えなければなりません。高額所得者の場合は不利になる可能性もありますので気をつけてください。

▼ 社用車を買い換える（新規購入する）

　売却益を圧縮する観点からいえば、社用車の買い換えや新規購入は中古車を選ぶほうがよい、といえます。新車と中古車で比較してみましょう。

　新車の普通自動車を500万円で購入したとします。普通自動車の法定耐

用年数は6年で、定率法の償却率は0.333です。

500万円 × 0.333 = 166万5000円

　上記が初年度に計上できる減価償却費になります（期の途中で購入した場合は月数按分が必要）。

　次に、4年落ちの中古車を500万円で購入したとします。中古資産の場合は、耐用年数の計算が必要です。まず、法定耐用年数から経過した年数を差し引いた年数を求めます。

① 6年 − 4年 = 2年

経過年数4年の20％に相当する年数を求めます。

② 4年 × 20％ = 0.8年

①と②を足し合わせます。

③ 2年 + 0.8年 = 2.8年

　小数点以下の端数があるときは、原則として端数を切り捨てするので、2年が耐用年数になります。耐用年数2年の定率法の償却率は1.000なので、購入代金の全額を1年で償却することができます。

500万円 × 1.000 = 500万円

　上記が初年度に計上できる減価償却費になります（期の途中で購入した場合は月数按分が必要）。

　新車だと最大で166万5000円の減価償却費しか計上できませんが、4年落ちの中古車なら最大で500万円の減価償却費を計上できるので、その分売却益を圧縮しやすいことになります。

▼ 新規に収益不動産を取得する

　売却による売却代金が入ってきて、残債を金融機関に支払い、仲介手数料も支払ったあと、残ったお金を手元に置いておくのではなく、次の収益不動産に新たに投資します。つまり、「物件の入れ替え」です。

　これにより、**新規の物件購入時にかかった諸経費（登録免許税、司法書士報酬、不動産取得税など）を経費に計上すれば、その分売却益が圧縮**されます。さらに、**新規物件の建物の減価償却費も月数按分することにより計上**できます。

　注意点は、物件購入時の仲介手数料は資産計上しなければいけないことです。経費にはできないので間違えないようにしてください。

物件売却時に経営セーフティ共済を導入する

　経営セーフティ共済は、取引先事業者が倒産してしまった際の中小企業の連鎖倒産を防ぐことを目的に創設されたものです。中小企業倒産防止共済制度とも呼ばれます。

　1年以上継続して事業を行っている中小企業者が加入できます。新規法人の場合は、第2期目以降しか加入することができません。

　掛金月額は5,000〜20万円までの範囲で、5,000円刻みに金額設定できます。掛金総額が800万円になるまで積み立てることができます。毎月20万円ずつ掛ければ40カ月（3年4カ月）で掛け止めとなり、それ以上掛けることはできません。

　また、将来払い込む掛金をまとめて一括で払い込むことが可能です。掛金の前納は、「掛金前納申出書」を提出することで行います。

▼ 掛金の税法上の取り扱い

　法人は損金として経費処理できます。また、**1年以内の前納掛金も払い込んだ期の損金に算入**できます。

▼ 一時貸付金

取引先事業者が倒産していなくても、共済契約者が臨時に事業資金を必要とする場合に、解約返戻金の95%を上限に貸付が受けられます。

- ・貸付限度額　　➡　掛金総額が800万円の場合、800万円 × 95%
　　　　　　　　　　　= 760万円
- ・返済期間　　　➡　1年
- ・返済方法　　　➡　期限一括償還
- ・貸付利率　　　➡　年0.9%（一括で前払い）
- ・担保・保証人　➡　無担保・無保証人

▼ 解約

共済契約の解約には以下の2種類があります。

- ・任意解約　　　➡　共済契約者がいつでも行うことができる解約
- ・みなし解約　　➡　法人を解散した、法人を分割（その事業のすべてを承継）した場合など

▼ 解約返戻金

共済契約を解約したとき、掛金納付月数が12カ月以上の場合、解約返戻金が支払われます。掛金納付月数が12カ月未満の場合は支払われません。

▼ 解約返戻金の額

解約返戻金の額は、掛金納付月数に応じて、掛金総額に図3-12の率を乗じた額となります。

図3-12 解約返戻金の返戻率

掛金納付月数	任意解約	みなし解約
1カ月〜11カ月	0%	0%
12カ月〜23カ月	80%	75%
24カ月〜29カ月	85%	80%
30カ月〜35カ月	90%	85%
36カ月〜39カ月	95%	90%
40カ月	100%	95%

この経営セーフティ共済を利用して、売却益の圧縮につなげ、法人税等を節税する方法を説明します。図3-13を見てください。

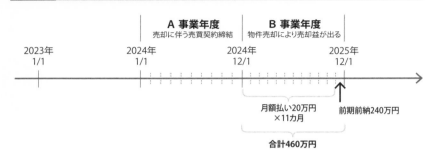

図3-13 1事業年度の中で最大限に経営セーフティ共済を掛ける方法

物件売却により売却益が発生するB事業年度に入ったら、経営セーフティ共済に加入し、毎月の掛金として20万円ずつ支払っていきます。2024年12月から2025年10月までの11カ月間は、これを継続します。

2025年11月になったら、掛金前納申出書を提出し、さらに前納として20万円 × 12カ月 = 240万円の掛金を支払います。この240万円分の掛金は、2025年11月〜2026年10月分までの1年分になります。1年分を前払いして支払ったとしても、その分は支払った事業年度の損金に入れることができます。

このようにすることで、**以下を一括してB事業年度の損金にすることができます。**

> ① 2024年12月〜 2025年10月 ➡ 20万円 × 11カ月 = 220万円
> ② 2025年11月〜 2026年10月 ➡ 20万円 × 12カ月 = 240万円
> ③ ① + ② = 460万円

そうすると売却益が460万円分少なくなります。単純計算で、**460万円 × 33%（法人税等の実効税率）= 151万8000円の法人税等が節税できる**わけです。

一方で、後々経営セーフティ共済を解約して返戻金を受け取った場合には全額が利益（益金）となります。すなわち、掛けるときは節税になりますが、解約して返戻金を受け取るときに節税した分の税金を納めなければいけない可能性があるということです。一時的に利益を先送りして税金の支払いを後回しにしており、利益の繰延をしていることになります。ただ、解約返戻金を受け取って利益が上がる事業年度に、収益不動産の大規模修繕を行ったり、役員退職金の支払いを行うなどすることで利益圧縮の対策を取ることができます。

　なお、この支払い方は、経営セーフティ共済だけではなく、法人で掛ける生命保険の保険料支払いについても同じことがいえますので、法人で生命保険を支払っている場合は同じように検討してみてください。

2024年度税制改正によって経営セーフティ共済に変更が入りました。経営セーフティ共済の契約を解約して、解約後に再契約する場合、解約日から2年を経過する日までの間に支払った掛金は損金算入が不可となりました。2024年10月1日以降に契約を解約した場合に適用されます。

物件売却時に退職金を活用する

　これは、物件売却により売却益が発生する事業年度に役員を退職させ、その退職した役員に退職金を支払う方法です。

▼ 役員の退職

　法人に登記されている常勤役員・非常勤役員を問わず退任させることができます。手続き上、役員が退任した場合は法務局に役員変更登記申請が必要です。

　法人に代表者しかいない場合は、代表者が退任すると、ほかの代表者が就任する必要があります。例えば、夫が代表者であった場合、その配偶者や、事業承継者である子どもに代表を交代し就任させることになります。

　法人に代表者以外の役員がいる場合は、代表者はそのままで、代表者以

外の役員が退任します。例えば、夫が代表者で、その配偶者や子どもが役員であった場合、配偶者や子どもを退任させることになります。

▼ 退職金の支給額

　退職金の支給額を算定する方法として、「**功績倍率法**」と「**1年あたり平均額法**」**の2つの方法**があります。

　この2つの方法は、「物件を売却した事業年度以前から適正な役員報酬を支払っていたケース」と「退職時の役員報酬が著しく低額または無報酬のケース」によって使い分けます。まず前者から見ていきます。

　功績倍率法は、国税庁の法令解釈通達でも触れられている方法で、実務上では最も多く採用されています。功績倍率法の計算式は以下のとおりです。

> **退職金 ＝ 最終月額報酬 × 役員勤続年数 × 功績倍率**

・最終月額報酬 ➡ 退職時の月額役員報酬
・役員勤続年数 ➡ 役員就任時から退職時までの勤続年数（1年未満の端数が生じたときは切り上げ）
・功績倍率 ➡ 同業種・同規模法人の役員退職金データをもとにした数値

図3-14 功績倍率の例

役職	功績倍率
代表取締役	3.0
専務取締役	2.5
常務取締役	2.2
取締役	1.8
監査役	1.5

出典:『退職金複雑化時代の退職金をめぐる税務』
（新名貴則・著／清文社）を参考に作成

　例えば、最終月額報酬が100万円、役員勤続年数が10年の代表取締役

が退職した場合の退職金は以下のように計算します。

$$100万円\binom{最終月額}{報酬} \times 10年\binom{役員勤続}{年数} \times 3.0\binom{功績}{倍率} = 3,000万円$$

功績倍率法で最終月額報酬を用いるのは、本来その金額が役員の在職時の貢献度や功績を適切に反映していると考えられているからなのですが、**退職時の役員報酬が著しく低額または無報酬である場合には功績倍率法を採用してしまうと退職金が極端に低額**となってしまいます。

例えば、最終月額報酬が無報酬であった場合、0円（最終月額報酬）× 10年（役員勤続年数）× 3.0（功績倍率）＝ 0円となってしまい、退職金を支給することができなくなってしまいます。

そこで、このようなケースでは「1年あたり平均額法」を採用します。1年あたり平均額法の計算式は以下のとおりです。

$$退職金 = \frac{類似法人の}{1年あたり役員退職金額の合計額} \div 類似法人の数 \times 役員勤続年数$$

類似法人の1年あたり役員退職金額の合計額は、同業種・同規模法人の実績を使います。例えば、類似法人の1年あたり役員退職金額の合計額が3,000万円、類似法人の数が10社で、役員勤続年数が10年の代表取締役が退職した場合の退職金は以下のように計算します。

$$3,000万円\binom{類似法人の1年あたり}{役員退職金額の}{合計額} \div 10社\binom{類似}{法人の数} \times 10年\binom{役員}{勤続年数} = 3,000万円$$

▼ 退職金を支払う法人側の節税効果

退職金を支払う場合、**その金額が「不相当に高額」でない限り、全額経費として計上**できます。ですので、**売却益が多く発生する事業年度に、役員を退職させて退職金を支払うことにより売却益を圧縮**できます。売却に

よる手残りがしっかりとあれば、退職金の原資として役員個人にきちんと支払うことができるはずです。

　また、退職金の支払いでは、**社会保険の負担が発生しません**のでその点もメリットがあります。ただし、**退職直前に最終月額報酬を引き上げたりすると、退職金が「不相当に高額」と判断されて否認される**場合もありますので注意してください。

▼ 退職金をもらう個人側の節税効果

　退任した役員がもらう退職金は、所得税法上、退職所得となります。退職所得は分離課税となり、給与所得や不動産所得と合算する必要はなく単独で税金が計算されます。

　退職所得の計算方法は以下のとおりです。

$$\text{退職所得} = (\text{退職金} - \text{退職所得控除額}) \times \frac{1}{2}$$

退職所得控除額は以下のように求めます。

勤続年数	➡	A（1年未満の端数が生じたときは切り上げ）
20年以下	➡	40万円 × A（80万円に満たない場合には80万円）
20年超	➡	800万円 + 70万円 ×（A − 20年）

　（退職金 − 退職所得控除額）のあとに $\frac{1}{2}$ **にできるのは、役員勤続年数が5年超の場合に限定**されます。

　上記で算出された退職所得に対して、34ページの図1-8「所得税率」に記載されている税率を掛けて所得税を算出します。住民税が10％かかり、所得税額の2.1％の復興特別所得税も発生します。

　例えば、最終月額報酬が20万円で役員勤続年数が10年の取締役が退職した場合、退職所得は以下のように計算します。

$$退職金 = 20万円 \binom{最終\,月額\,報酬}{} \times 10年 \binom{役員\,勤続\,年数}{} \times 1.8 \binom{功績\,倍率}{} = 360万円$$

$$退職所得控除額 = 40万円 \times 10年（役員勤続年数）= 400万円$$

$$退職所得 = （360万円 - 400万円）\times \frac{1}{2} = 0円$$
∴所得税・住民税・復興特別所得税は0

　このように、退職金の支給は法人側でも個人側でも税務上のメリットがあります。退職金活用では以下の2点が重要です。

① 役員報酬を支給するしないにかかわらず、役員に就任できる親族を入れておく
② 法人の設立当初から親族を役員に入れておく（役員に就任させられる年齢は、印鑑証明が取得できる15歳以上）

　①は、法人の設立当初から代表者しかいない場合に退職金スキームを使おうとすると、売却した事業年度に代表者を辞任したくなくてもほかの代表者と交代しなければならないからです。
　②は、**功績倍率法、1年あたり平均額法、退職所得控除額の3つに使う役員勤続年数の年数を稼ぐ**、という意味合いです。法人での経営を始めて途中で就任させるよりも、設立当初から就任させておけば勤続年数が長くなります。**勤続年数が長いと退職金の金額が多くなり、退職所得控除額の金額も多くなります**。退職所得の計算上、（退職金 - 退職所得控除額）のあとに$\frac{1}{2}$にできるのは役員勤続年数が5年超の場合に限定されていることも考えると、設立当初から役員に就任させられる親族は役員にしておくことを検討するのがよいでしょう。

　売却益の圧縮対策は、売却してから検討するのではなく、売却活動を始める前から行っていくのが基本です。行動力がある方は、売却活動をする1〜2年前から対策を検討・実行しています。

不動産投資をするなら株式会社？
合同会社？

　法人を使って不動産投資をする場合、法人設立の際に迷うのが、「株式会社と合同会社のどちらにするか」です。図3-15は、主な法人の種類と特徴をまとめたものです。

実践編

図3-15 法人の種類

法人の種類	株式会社	特例有限会社	合同会社	合名会社	合資会社
責任の範囲	有限責任	有限責任	有限責任	無限責任	無限責任 有限責任
資本金	1円からOK	300万円	1円からOK	規定なし	規定なし
必要な員数	1名以上	1名以上	1名以上	2名以上	2名以上
設立費用 （法定費用）	定款認証費用 5万円 印紙代 4万円 登録免許税 15万円 計24万円	現在は 設立不可	印紙代 4万円 登録免許税 6万円 計10万円	印紙代 4万円 登録免許税 6万円 計10万円	印紙代 4万円 登録免許税 6万円 計10万円
任期	2〜10年で 定める （再任登記が 必要）	なし	なし	なし	なし

　有限責任とは、「出資の範囲でのみ責任を負う」ということです。例えば、資本金として500万円を出資していた場合、会社が700万円の負債を残して倒産したとしても、出資者は500万円以上の責任を問われません。しかし、多くの会社は代表者＝出資者であり、借入などで代表者の個人保証を求められ、実質的には無制限に追及されることが多いのも事実です。

　一方、無限責任は「出資の範囲にかかわらず責任を負う」ということで

す。出資を行い「社員」となった者は、出資の範囲にかかわらず会社の負債に責任を負わなければなりません。

　不動産投資をするときに選択肢となるのは、実質的に株式会社か合同会社のどちらかです。
　以下は株式会社の特徴です。

① 出資金は「株式」という単位で表される
　➡ 出資比率に応じて損益分配が行われる
② 株式の発行や社債の発行など外部からの資金調達がしやすい
　➡「経営にはタッチせず、お金だけ出す」ことが可能
③ 機関設計の選択肢が多い
　➡ 経営に関係する人が増えたときに困らないよう様々なルールが用意されている

　以下は合同会社の特徴です。

① 出資金は「持分」という単位で表される
　➡ 原則として出資比率に応じて損益分配を行うが、特別に分配の割合を定めることも可能
② 出資者＝経営者が原則
　➡「経営にはタッチせず、お金だけ出す」ことには別途定款の定めが必要
③ 設立手続きが比較的簡素で設立費用が安く、ランニングコストもかからない
　➡ 法人としての機能は株式会社とほぼ同じなので、その分お得

　少し前までは株式会社がメジャーでしたが、現在では合同会社を使って経営を行う方が増えてきました。2020年のデータによると、2019年に設立されたすべての会社のうち合同会社が約25％を占め、年々増加傾向にあるようです。

以下のような誰もが知る会社も実は合同会社なのです。

・合同会社西友
・アマゾンジャパン合同会社
・Apple Japan 合同会社
・グーグル合同会社

　株式会社にしても合同会社にしても、法人設立時には以下のような工夫や注意が必要になります。

▼ 公務員など勤務先に会社設立がバレたくない場合

【株式会社】
・株主であっても、役員ではないという立場を取る
・役員でない場合には登記簿上に名前が載らない
・自分以外の家族を役員にして、自らは株主のみとなる

【合同会社】
・定款に定めることで、業務執行社員と業務執行しない社員に区分する
・業務執行しない社員になれば、登記簿上に名前が載らない

▼ 相続対策を考えている場合

・株主や出資者には、できるだけ後継者（子ども・孫など）を入れておく
・後継者の出資比率を多めにしておくほうが、相続財産となる株式の価額を減らすことができる

▼ 将来的に法人を大きくしたい場合や複数法人がある場合

・ホールディングカンパニーにするには株式会社でないといけない

第 4 章

売却視点からの
消費税

上級編

4-1 消費税の基礎知識と仕組み

個人でも法人でも、収益不動産を売却したときは消費税について十分な注意が必要です。消費税は難しい論点ですので、まずは基本の考え方と仕組みをしっかりとおさえてください。

☑ 国内事業者として3種類をおさえる。
☑ 3種類の事業者の計算方法を理解する。

消費税に関する事業者の区分

　消費税の基礎知識や仕組みを説明していく上で、まずは事業者の区分からお話しします。消費税に関して日本国内にある事業者は以下の2種類に分類されます。

免税事業者 ➡ 消費税を納める義務がない

課税事業者 ➡ 消費税を納める義務がある

課税事業者は、さらに以下の2種類に分類されます。

本則課税事業者 ➡ 預かった消費税から支払った消費税を控除して計算

簡易課税事業者 ➡ 預かった消費税をもとに計算

　つまり、**事業者は、免税事業者、本則課税事業者、簡易課税事業者のいずれかに該当する**ことになるのです。

3種類の事業者

　免税事業者、本則課税事業者、簡易課税事業者の3種類について、それ
ぞれ具体例を挙げて説明します。

▼ 免税事業者

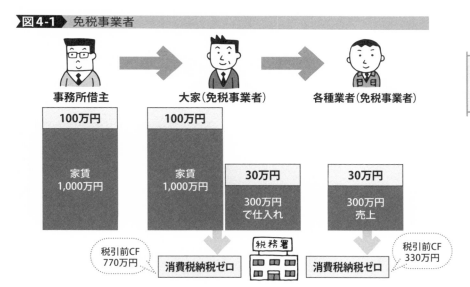

図4-1　免税事業者

事務所借主　　　　大家（免税事業者）　　　各種業者（免税事業者）

100万円　　　　100万円

家賃
1,000万円　　　家賃
　　　　　　　1,000万円　　　30万円
　　　　　　　　　　　　　　　300万円
　　　　　　　　　　　　　　　で仕入れ

30万円
300万円
売上

税引前CF
770万円　　　　消費税納税ゼロ　　税務署　　消費税納税ゼロ　　税引前CF
　　　　　　　　　　　　　　　　　　　　　　　　　　　　330万円

　皆さんは、まん中の大家（免税事業者）だと考えてください。大家は事
務所ビルを所有しており、賃借人である事務所借主から1,100万円の家賃が
入ってきます。1,100万円には、消費税10％相当の100万円が含まれます。
　また、大家は、事務所ビルの修繕費用としてリフォーム業者に330万円
を支払ったとします。330万円には、消費税10％相当の30万円が含まれ
ます。
　この事業年度は、この2つの取引しかなかったとします。そうすると、
**家賃1,100万円 − リフォーム費用330万円 = 770万円が税引前CF
として手元に残る**ことになり、免税事業者である大家は、預かった消費税

100万円も支払った消費税30万円も特に計算することなく、消費税の納税もありません。

　リフォーム業者（各種業者）の立場から見た場合も少し説明しておきます。リフォーム業者は、リフォーム代金として330万円（うち消費税30万円）を受け取りますので、これが売上に計上されます。この取引しかなかったとすると、リフォーム業者は免税事業者であるため、**330万円がそのまま税引前CFとして手元に残る**ことになり、預かった消費税30万円について納税はありません。

　消費税の基本的な仕組みとして、消費税はそもそも「**消費者が負担した税金を事業者が納付する**」**という考え方**が大元にあります。今回の例でいえば、消費者は事務所借主であり、事務所借主が負担した消費税が100万円です。

　事務所借主が負担した消費税100万円を、本来であれば事業者である大家や各種業者が国に納税することになるのですが、大家も各種業者も免税事業者であるため国に納税されず、事業者の懐に入ることになります。

　これが、いわゆる「**益税**」です。益税自体は違法ではなく、あくまで合法的に発生したものです。

上
級
編

国内の事業者がすべて本則課税事業者であれば益税は発生しませんが、免税事業者や簡易課税事業者が存在するため益税が発生します。免税事業者や簡易課税事業者が存在する本来の理由は、個人事業主や事業者の労力を軽減するためです。消費税納税額の計算などは多くの労力と時間を要することから、小規模事業者の負担を減らすために採用されています。

▼ 本則課税事業者

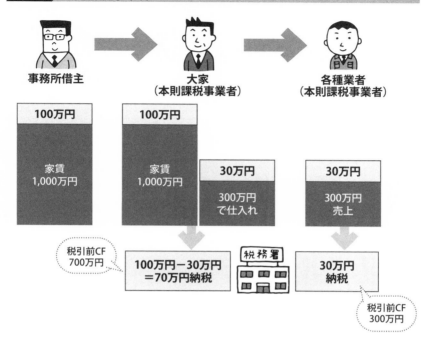

図4-2　本則課税事業者

事務所借主

大家
（本則課税事業者）

各種業者
（本則課税事業者）

100万円

家賃
1,000万円

100万円

家賃
1,000万円

30万円

300万円
で仕入れ

30万円

300万円
売上

税引前CF
700万円

100万円−30万円
＝70万円納税

税務署

30万円
納税

税引前CF
300万円

　皆さんは、まん中の大家（本則課税事業者）だと考えてください。大家
は事務所ビルを所有しているため、賃借人である事務所借主から1,100万
円の家賃が入ってきます。1,100万円には、消費税10％相当の100万円が
含まれます。

　また、大家は、事務所ビルの修繕費用としてリフォーム業者に330万円
を支払っています。330万円には、消費税10％相当の30万円が含まれま
す。

　この事業年度はこの2つの取引しかなかったとすると、預かった消費税
100万円から支払った消費税30万円を差し引いた差額70万円を税務署
に納税することになります。結果、**家賃1,100万円 − リフォーム費用
330万円 − 消費税70万円 ＝ 700万円**が税引前CFとして手元に残る
ことになります。

また、リフォーム業者はリフォーム代金として330万円（うち消費税30万円）を受け取りますので、これが売上に計上されます。この取引しかなかったとすると、リフォーム業者は本則課税事業者であるため、預かった消費税30万円から支払った消費税0円を差し引いた差額30万円を税務署に納税することになります。結果、**リフォーム売上330万円 － 消費税30万円 ＝ 300万円が税引前CFとして手元に残る**ことになります。

事務所借主が負担した消費税100万円は、大家が70万円、各種業者（リフォーム業者）が30万円それぞれ納税しており、消費者の税金を事業者が納付する形がとれているわけです。

▼ 簡易課税事業者

簡易課税の計算方法を一言でいえば、「**預かった消費税をもとに計算する**」となります。図4-3を見てください。

図4-3 ▶ 簡易課税の計算方法

簡易課税とは？【例】テナント収入1,000万円（税抜）の場合

| 課税売上に対する消費税額 **100万円** | － | 課税売上に対する消費税額 **100万円** | × | みなし仕入率 **40%** |

| ＝ | 納付すべき消費税額 **60万円** |

・基準期間の課税売上高 5,000万円以下
・前期末までに届出提出
・2年間強制適用

事業区分一覧

事業の種類	具体例	みなし仕入率
第1種事業	卸売り	90%
第2種事業	小売り	80%
第3種事業	製造・建設	70%
第4種事業	その他（建物の売却）	60%
第5種事業	サービス業等	50%
第6種事業	不動産賃貸	40%

簡易課税は、その事業年度中に支払った消費税について一切着目しません。着目するのは、預かった消費税のみです。それで納税額を算出するの

で、簡易的に計算できるという意味で「簡易課税」という名称がついています。

　簡易課税による納税額を計算する上で知っておかなければならないのが「事業区分」です。第1種事業から第6種事業まで6つに分類されており、**不動産賃貸を営む大家が受け取る家賃は第6種**になります。

　図4-3を見ると、**第6種事業はみなし仕入率が40%**となっています。その事業年度に支払った消費税がいくらであろうとも、**預かった消費税の40%を支払った消費税とみなして、預かった消費税から控除して納税額を求める**ことになります。図4-3の計算例では、家賃に含まれる預かった消費税100万円から、預かった消費税の40%を控除して、差額の60万円が消費税の納税額となっています。

　それでは、図4-4を見てください。

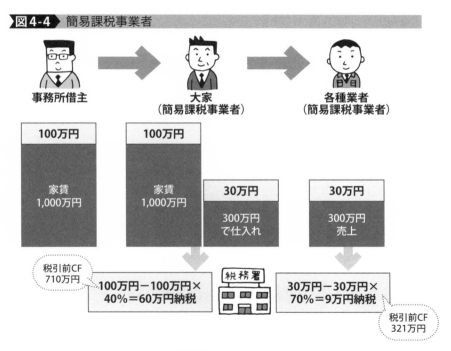

図4-4 簡易課税事業者

皆さんは、まん中の大家（簡易課税事業者）だと考えてください。事務

所ビルを所有している大家は、賃借人である事務所借主から1,100万円の家賃が入ってきます。1,100万円には、消費税10％相当の100万円が含まれます。

　また、大家は、事務所ビルの修繕費用としてリフォーム業者に330万円を支払っています。330万円には、消費税10％相当の30万円が含まれます。

　この事業年度はこの2つの取引しかなかったとすると、預かった消費税100万円から、預かった消費税の40％である40万円を差し引いた差額60万円を税務署に納税することになります。結果、**家賃1,100万円　ー　リフォーム費用330万円　ー　消費税60万円　＝　710万円が税引前CFとして手元に残る**ことになります。

　また、リフォーム業者はリフォーム代金として330万円（うち消費税30万円）を受け取りますので、これが売上に計上されます。この取引しかなかったとすると、リフォーム業者は簡易課税事業者であるため、**預かった消費税30万円から、預かった消費税の70％である21万円を差し引いた差額9万円を税務署に納税する**ことになります。みなし仕入率が40％ではなく70％なのは、一般的な土木・建築工事業や建築リフォーム業などの総合工事業は第3種事業となるためです。結果、**リフォーム売上330万円　ー　消費税9万円　＝　321万円が税引前CFとして手元に残る**ことになります。

　免税事業者、本則課税事業者、簡易課税事業者の3種類についてそれぞれ見てきました。同じ課税事業者でも、本則課税事業者と簡易課税事業者では消費税の納税額に違いが出ることにより税引前CFが変わることが分かりました。簡易課税事業者のほうが税引前CFが多く残ったのですが、簡易課税で計算するためには大きく2つの条件があります。図4-3の左側に記載している内容がそれに当たりますが、詳細は後述します。

法人税や所得税は売上から経費を引いた儲けによって納付すべき税金が計算されますが、消費税は預かったor支払ったという観点で納付すべき税金が計算されており、まったく考え方や見方が異なるのです。

個人・法人での課税事業者、免税事業者の判定

消費税の基礎知識と同じくらい大事なのが消費税の納税義務の判定です。この判定ができるようになると、収益不動産を売却したときに消費税がどのように関係してくるのかが分かるようになります。

☑ 課税事業者か免税事業者かの判定をできるようにする。
☑ 収益不動産の売却時は必ず消費税のことを意識する。

消費税を預かる売上、預からない売上

　消費税の仕組みと計算方法が分かったところで、課税事業者か免税事業者かをご自身で判定できるようになりましょう。判定に必要となる税務用語として**課税売上**と**非課税売上**があります。

　課税売上は、簡単にいうと「**消費税を預かる売上**」で、非課税売上は「**消費税を預からない売上**」です。図4-5は、課税売上と非課税売上の代表的な例です。

図4-5　課税売上と非課税売上

不動産投資における 課税売上 と 非課税売上 の具体例

課税売上	非課税売上
・店舗の賃貸料	・住宅の賃貸料
・事務所の賃貸料	・土地の賃貸料
・駐車場の賃貸料	・住宅の礼金収入
・1カ月未満の　土地・住宅の賃貸料	・土地の権利金収入
・建物の売却代金	・土地の売却代金
・自動販売機の売上高	
・太陽光発電の売電収入	

図4-5で**課税売上に記載したものは必ず消費税を含んで取引が行われますが、非課税売上に記載したものは消費税がまったく含まれない取引**になります。

個人の基準期間、法人の基準期間

　課税事業者か免税事業者かの判定方法は個人事業主と法人で若干異なるので、それぞれに分けて説明します。まずは個人事業主からです。個人の場合は以下により判定します。

> **【判定年が課税事業者か免税事業者かどうか】**
> 基準期間の課税売上高　＞　1,000万円 ➡ 課税事業者
> 基準期間の課税売上高　≦　1,000万円 ➡ 免税事業者

　基準期間とは「2年前」を意味します。また、課税売上高については以下の点にも注意が必要です。

> その基準期間が課税事業者の場合 ➡ 課税売上高は 税抜金額 を使う
>
> その基準期間が免税事業者の場合 ➡ 課税売上高は 税込金額 を使う

　例を挙げて説明します。

▼ 基準期間が課税事業者のケース

　図4-6を見てください。個人事業主として2024年が消費税の課税事業者かどうかの判定は、2年前の2022年の課税売上高を確認します。また、図4-6では2022年は課税事業者であったため、課税売上高は税抜金額を用います。2022年の税抜の課税売上高が1,000万円であったため、2024年は免税事業者となります。

上級編

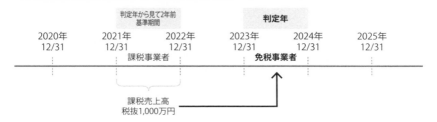

図4-6 課税・免税の判定（個人）

判定年から見て2年前
基準期間

判定年

2020年 12/31　2021年 12/31　2022年 12/31　2023年 12/31　2024年 12/31　2025年 12/31

課税事業者　　　　　　免税事業者

課税売上高
税抜1,000万円

▼ 基準期間が免税事業者のケース

　図4-7を見てください。個人事業主として2024年が消費税の課税事業者かどうかの判定は、2年前の2022年の課税売上高を確認します。また、図4-7では2022年は免税事業者であったため、課税売上高は税込金額を用います。2022年の税込の課税売上高が1,500万円であったため、2024年は課税事業者となります。

図4-7 課税・免税の判定（個人）

判定年から見て2年前
基準期間

判定年

2020年 12/31　2021年 12/31　2022年 12/31　2023年 12/31　2024年 12/31　2025年 12/31

免税事業者　　　　　　課税事業者

課税売上高
税込1,500万円

次に、法人です。法人の場合は以下により判定します。

【判定する事業年度が課税事業者か免税事業者かどうか】
基準期間の課税売上高　＞　1,000万円 ➡ 課税事業者
基準期間の課税売上高　≦　1,000万円 ➡ 免税事業者

　法人の場合、**基準期間とは「2期前」**を意味します。**判定する事業年度の前々事業年度**ということです。

また、課税売上高について税込金額を用いるか税抜金額を用いるかは個人と同様になります。

ここから、個人の判定と大きく相違する2点について説明します。

まず1点目は、**前々事業年度が1年未満の場合、1年相当に換算した金額により判定する**、です。年換算は以下の方法で行います。

> 基準期間の課税売上高 ÷ 基準期間に含まれる事業年度の月数 × 12カ月

基準期間に含まれる事業年度の月数は、1カ月に満たない端数が生じた場合には1カ月とします。

例を挙げて説明します。図4-8を見てください。

図4-8 ▶ 課税・免税の判定（法人）

```
判定事業年度
から見て2期前
基準期間                    判定事業年度

2022年      2022年       2023年      2024年       2025年
7/1        12/31        12/31       12/31        12/31

免税事業者                   課税事業者

                        年換算額1,200万円

課税売上高
税込600万円
```

▼ 基準期間が設立1期目のケース

2022年7月1日に設立した法人で、12月末決算とします。2024年1月1日から始まる事業年度が課税事業者かどうかは、前々事業年度（2022年7月1日〜2022年12月31日）の課税売上高を確認します。

また、図4-8では前々事業年度が免税事業者であったため、課税売上高

は税込金額を用います。さらに、**前々事業年度は1年未満であるため年換算**を行います。年換算は600万円 ÷ 6カ月 × 12カ月 ＝ 1,200万円となりますので、2024年は課税事業者となります。

　次に2点目です。**前々事業年度が1年未満の場合、判定する事業年度開始の日の2年前の日の前日から同日以後1年を経過する日までの間に開始した各事業年度を合わせた期間が基準期間**となります。これは、**決算期を変更したような場合が該当**します。

　これも例を挙げて説明します。図4-9を見てください。

図4-9 ▶ 課税・免税の判定（法人）

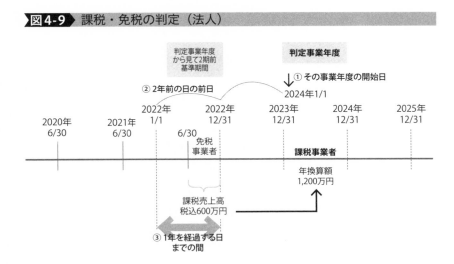

▼ 基準期間に決算期を変更しているケース

　もともと2022年の6月末までは6月末決算であった法人が、2022年12月末に決算期を変更したケースです。判定すべき事業年度が2024年12月期（2024.1.1 〜 2024.12.31）だとした場合、基準期間の対象となる事業年度は、前々事業年度の2022年12月期（2022.7.1 〜 2022.12.31）ですが、2022年12月期は6カ月間であり、1年に満たない事業年度になります。

　この場合の基準期間は、**その事業年度の開始日（2024.1.1）の2年前の日（2022.1.2）の前日（2022.1.1）から、同日（2022.1.1）以**

後1年を経過する日（2022.12.31）までに開始した各事業年度である2022年12月期（2022.7.1〜2022.12.31）の6カ月間となります。

　基準期間が1年未満であるため年換算を行います。年換算は600万円 ÷ 6カ月 × 12カ月 ＝ 1,200万円となりますので、2024年は課税事業者となります。

簡易課税を選択できるかどうかの判定

　ここまでで、個人でも法人でも、消費税の課税事業者であるか免税事業者であるかをご自身で判定できるようになったと思います。次に、**消費税の課税事業者だと判定された場合、本則課税事業者になるのか簡易課税事業者になるのか**を理解してもらいます。

　簡易課税方式で計算するためには大きく2つの条件があります。

条件① ➡ 2期前の課税売上高が5,000万円以下であること
・個人事業主であれば2年前（前々年）の課税売上高が5,000万円以下
・法人であれば2事業年度前（前々事業年度）の課税売上高が5,000万円以下（前々事業年度が1年に満たない場合は年換算する）

条件② ➡ 届出を提出すること
・条件①を満たした上で、納税地の所轄税務署長に「消費税簡易課税制度選択届出書」を提出する
・届出の提出期限は課税期間の初日の前日まで

後々の事業年度に簡易課税をやめたい場合には、「消費税簡易課税制度選択不適用届出書」を提出します。届出の提出期限は、簡易課税をやめようとする課税期間の初日の前日までです。

　条件①について例を挙げて説明します。図4-10を見てください。

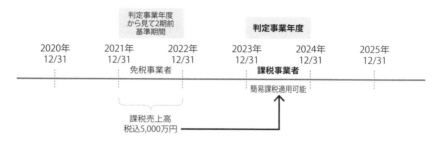

図4-10 簡易課税の選択

▼ 簡易課税の選択（法人）

　判定すべき事業年度が2024年12月期（2024.1.1 ～ 2024.12.31）だとした場合、基準期間の対象となる事業年度は、前々事業年度の2022年12月期（2022.1.1 ～ 2022.12.31）です。前々事業年度は1年間ありますので、これが基準期間となります。

　2022年12月期は免税事業者のため、課税売上高は税込で判定します。課税売上高は税込5,000万円であるため、2024年12月期は課税事業者になることが確定します。そして、**課税売上高5,000万円以下であるため、届出を提出することにより簡易課税事業者になることができます。もし期限までに届出を提出しない場合には本則課税事業者**になります。

　条件②の提出期限について例を挙げて説明します。図4-11を見てください。

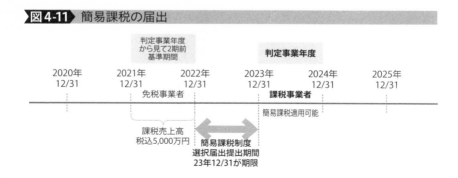

図4-11 簡易課税の届出

▼ 簡易課税の届出（法人）

　「消費税簡易課税制度選択届出書」の提出期限は、課税期間の初日の前日までです。2024年12月期の事業年度から適用したければ、課税期間の初日（2024.1.1）の前日（2023.12.31）までに提出することが必要になります。

　簡易課税事業者になれる条件を見てきましたが、課税売上高が5,000万円以下であれば必ず簡易課税を選択したほうがよいかというと、一概にそういう判断はできません。なぜなら、**簡易課税を選択した場合のデメリットもある**からです。

上級編

【簡易課税制度を選択した場合のデメリット】
① 一度簡易課税制度を選択すると、2年間は本則課税事業者に戻れない
② 簡易課税制度は消費税の還付が受けられない（あくまで課税売上高だけに着目して消費税額を算出するため）

　①について補足します。簡易課税事業者になると2年間は本則課税事業者に戻れませんが、図4-12のような場合には、簡易課税事業者ではなく本則課税事業者になりますので注意してください。

図4-12　簡易課税から本則課税へ（法人）

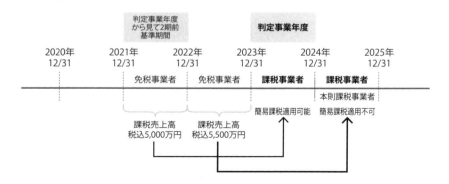

170

▼ 簡易課税から本則課税へ（法人）

2024年12月期の基準期間の課税売上高が5,000万円以下のため、2023年12月31日までに届出を提出すれば、2024年12月期は簡易課税事業者となりますが、**2025年12月期の基準期間の課税売上高が5,500万円のため条件①を満たさなくなり、2025年12月期は本則課税事業者**になります。

また、デメリット②は、簡易課税を適用する2年の間に**大きな設備投資予定が見込まれていて、支払う消費税が多額になる場合などは、簡易課税を選択していると還付が受けられないだけでなく、消費税の納付額がかえって多くなる可能性があります。**例えば、不動産賃貸業を行う法人の、ある事業年度に以下の2つの取引しかなかったとします。

・売上（事務所賃料）➡ 1,100万円（うち消費税100万円）
・建物の修繕費 ➡ 2,200万円（うち消費税200万円）

▼ ① 本則課税事業者の消費税計算

> 預かった消費税100万円 − 支払った消費税200万円 ＝ △100万円

この場合、税務署から還付となります。

▼ ② 簡易課税事業者の消費税計算

> 預かった消費税100万円 −（100万円 × みなし仕入率 40%）＝ 60万円

この場合、税務署へ納税となります。このような場合、簡易課税を選択しないほうが断然有利となるわけです。

消費税の課税事業者となる場合で、本則課税事業者か簡易課税事業者かを選択できる場合には、しっかりと翌期、翌々期の予測を立てるようにしてください。

　ここまで、消費税の基礎知識や仕組み、納税義務の判定など消費税の核となるお話をしてきました。これだけ紙幅を割いたのは、不動産賃貸業を行っている大家さんは物件所有中の損益計算やCFについては知識が深い方が多いのですが、消費税のこととなるとなかなか理解できていない方が少なくないからです。

　理由の1つは、消費税法は税制改正が多く、計算方法が複雑であることでしょう。もう1つの大きな理由は、**事務所や店舗物件ではなく、居住用の収益不動産を所有している方が多い**からでしょう。

　居住用の収益不動産では家賃自体が非課税売上となりますから、そもそも消費税を預かることがありません。消費税のことを考える機会が少ないまま免税事業者である期間が続いている場合が多いのです。

　しかし、「収益不動産の売却」が行われると、一気にその状況が変わります。

　今まで居住用の収益不動産の買い増しを続けて、その間はずっと免税事業者でいたため消費税とほぼ無縁だったところに、**売却を皮切りに消費税という問題が発生**してきます。売却という行動を取るときに、消費税のことまで考えている方は明らかに少数派です。むしろ、「そんなこと全然知らなかった……」という反応が普通なくらいです。

　収益不動産を売却したときの消費税の注意点を以下にまとめます。

・収益不動産を売却したら……個人事業主であれば2年後(翌々年)、法人であれば2事業年度後(翌々事業年度)に消費税の課税事業者になる可能性が高い
・収益不動産を売却した年(事業年度)が免税事業者 ➡ 売買価額のうち建物価額に含まれる消費税の納税はなし
・収益不動産を売却した年(事業年度)が課税事業者 ➡ 売買価額のうち建物価額に含まれる消費税の納税はあり
・収益不動産を売却した年(事業年度)が本則課税事業者 ➡ 建物価額に

上級編

含まれる消費税から、支払った消費税を控除して納税額を計算する
・収益不動産を売却した年（事業年度）が簡易課税事業者 ➡ 建物価額に
　含まれる消費税から、その消費税の60％を控除して納税額を計算する
・建物の売却は簡易課税制度の第4種事業に該当し、みなし仕入率は60％

上記のことをしっかりと理解した上で売却に臨んでください。

私が所属する税理士法人の実務では、よくこんな話になります。

「今年売却したら2年後に消費税の課税事業者になるから、2年後にまた不動産を売却してしまうと、そのときは建物の消費税のいくらかを納税しなきゃいけなくなりますね。だったら消費税のことを考えると、2年後じゃなくて、免税事業者に戻れている予定の3年後に売却したほうが手残りは多いかもしれないですね」——。

また、区分や戸建てのように売買価額が少額になりそうな場合、例えば区分の売買価額が1,500万円だとすると、**建物価額を何とか1,000万円以下にできないかどうかを検討**したりします。仮に免税事業者で、売買価額の内訳が土地500万円、建物1,000万円であれば課税売上が1,000万円以下となり、2年後も免税事業者になれる可能性が高いからです。これが土地490万円、建物1,010万円となっただけで、2年後は消費税の課税事業者になることが確定します。さらに、もう少し売買価額が大きな金額の場合、例えば1棟アパートの売買価額が8,000万円だとすると、**建物価額が5,000万円を超えそうかどうかをあらかじめ確認・検討**します。これは、2年後に消費税の課税事業者になることは確定しているものの、**簡易課税事業者になれる可能性があるかどうか**を見ているのです。

こんなふうに消費税のことを十分意識した上で売却してほしいと思っています。売却して終わりではなく、売却する前から将来のことを考えておかなければなりません。

収益不動産を売却したことにより現預金しか残っていない法人を別法人と合併させることがあります。このような場合、消費税の納税義務の判定はかなり複雑になります。

高額特定資産を知らないままでは足をすくわれる

収益不動産を売却したあとに新たな収益不動産を購入することは多いはずですが、購入するタイミングと高額特定資産の関係性を知っておかなければ思わぬ状況に陥る可能性があります。

☑ 高額特定資産がどのようなものかを理解する。
☑ 売却後に新たな収益不動産を買う場合の注意点を把握する。

高額特定資産と3年縛り

「高額特定資産」とは、あまり聞き慣れないと思います。一体どういう資産なのかから説明を始めます。

簡単にいうと、**税抜1,000万円以上の建物、構築物、機械および装置、船舶、航空機、車両および運搬具、工具、器具および備品のこと**です。**土地は対象外**になります。

この高額特定資産を本則課税事業者のときに購入すると非常に厄介になります。 4-2 で売却後の消費税について理解してもらいましたが、それは基本的な内容であり、この高額特定資産が絡むと消費税は複雑になってくるのです。

本則課税事業者の年（事業年度）に高額特定資産を購入したらどのようになるかを説明します。

本則課税事業者の期間中に高額特定資産を購入した場合には、取得日の属する年度初日以後3年を経過する日の属する課税期間までの各課税期間に本則課税事業者が強制され、簡易課税事業者の選択ができません。法人に限らず個人事業主も対象となります。実務では「3年縛り」といったりするくらい本則課税に縛られるのです。

逆にいうと、**免税事業者・簡易課税事業者が高額特定資産を購入したと**

しても特に影響はありません。

この「3年縛り」について正確にその期間を把握してもらうために具体例で説明します。図4-13を見てください。

図4-13 3年縛り（個人・法人）

	2022年 12/31	2023年 12/31	2024年 12/31	2025年 12/31	2026年 12/31	2027年 12/31
	免税事業者	免税事業者	本則課税事業者	本則課税事業者	本則課税事業者	免税事業者
	課税売上高 8,000万円	課税売上高 100万円	課税売上高 100万円	課税売上高 100万円	課税売上高 100万円	
			2024年7/1に 建物を 税抜1,000万円 で購入 （高額特定資産を購入）			

3年縛りで本則課税事業者が継続

▼ 3年縛り（個人・法人）

2022年12月期における課税売上高が8,000万円のため、2024年12月期は本則課税事業者となります。建物の取得日（2024.7.1）の属する年度初日（2024.1.1）以後3年を経過する日（2026.12.31）の属する課税期間までは、本則課税事業者が継続します。

2025年12月期の基準期間である2023年12月期は課税売上高が100万円であるため、原則的な納税義務の判定では免税事業者のはずですが、**本則課税事業者である2024年12月期に高額特定資産を購入したために2025年12月期は強制的に本則課税事業者**になります。2026年12月期も同様です。

ですので、図4-13では一番早く免税事業者に戻れるのは、2027年1月1日以降になります。これは2025年12月期の課税売上高が100万円であることと同時に、その事業年度に高額特定資産を購入していないからです。

ここで注意したいのは、**もし2025年12月期にも高額特定資産を購入した場合には、2027年12月期まで本則課税事業者である期間が延びてしまう**ことです。

▼ 3年縛り（法人）

　図4-14は、もともと2023年の12月末までは12月末決算であった法人が、2024年10月末に決算期を変更したケースです。

　2022年12月期における課税売上高が8,000万円のため、2024年10月期は本則課税事業者となっています。**建物の取得日（2024.7.1）の属する年度初日（2024.1.1）以後3年を経過する日（2026.12.31）の属する課税期間までは本則課税事業者が継続**します。

　3年縛りの期間が単純な3年ではなくなり、**高額特定資産を購入した事業年度を含め4期にわたり本則課税事業者が継続するところが注意点**です。

図4-14 3年縛り（法人）

2つの例外と法人のための特殊例

　上記を踏まえた上で、ここでは例外を2つ、特殊例を1つ紹介します。

▼ 例外①：税抜1,000万円未満の建物など

　高額特定資産は、税抜1,000万円以上の建物などが対象です。税抜1,000万円未満の建物などを本則課税事業者の期間に購入した場合はどのようになるかを説明します。図4-15を見てください。

図4-15 税抜1,000万円未満の建物

2022年12/31	2023年12/31	2024年12/31	2025年12/31	2026年12/31	2027年12/31
免税事業者	免税事業者	本則課税事業者	免税事業者	免税事業者	免税事業者
課税売上高8,000万円	課税売上高100万円	課税売上高100万円	課税売上高100万円	課税売上高100万円	
		2024年7/1に建物を税抜900万円で購入			

2022年12月期における課税売上高が8,000万円のため、2024年12月期は本則課税事業者となります。2024年12月期に収益不動産を取得していますが、**税抜の建物価額が900万円であるため高額特定資産には該当せず、2025年12月期も2026年12月期も免税事業者**となります。この場合は、2025年12月期と2026年12月期の基準期間の課税売上高がそれぞれ100万円であるという通常どおりの納税義務の判定になります。

1,000万円未満の建物というと、区分や戸建てが該当してきそうです。1棟アパートでも、売買価額の中で土地価額が大きく建物価額が1,000万円を切るような物件であれば高額特定資産からは外れてきます。

また、**機械装置となる太陽光発電や車両についても1,000万円以上になると高額特定資産に該当してきます。収益不動産の建物だけと勘違いしない**ようにしてください。

▼ 例外②：簡易課税制度選択届出の効力は取り消されない

これは、すでに簡易課税制度を選択していて、本則課税事業者となる年度に高額特定資産を取得したような場合になります。図4-16を見てください。

2021年12月期の課税売上高が4,000万円であったため、2023年12月期は課税事業者になることが確定しますが、課税売上高が5,000万円以下であったため、2022年12月末までに簡易課税制度選択届出を提出し、2023年12月期は簡易課税事業者になっています。

原則的なルールからすれば、届出を提出した場合、2年間は簡易課税事

業者を継続することになりますが、2022年12月期の課税売上高が6,000万円となったため、2024年12月期は簡易課税事業者ではなく本則課税事業者にならなければなりません。その本則課税事業者である2024年12月期に高額特定資産を購入しています。

通常であれば、2026年12月期までは本則課税事業者を継続することになるのですが、**すでに2022年12月末の時点で届出を提出しているので、この効力が生きてきます。2025年12月期も2026年12月期も、基準期間の課税売上高が5,000万円以下ですので、すでに提出した届出の効力が発動し、本則課税事業者ではなく簡易課税事業者**になります。

すでに簡易課税制度選択届出を提出しているか否かで判定が異なる、ということです。

図4-16 簡易課税制度選択届出の効力は取り消されない

2021年12/31	2022年12/31	2023年12/31	2024年12/31	2025年12/31	2026年12/31
免税事業者	免税事業者	簡易課税事業者	**本則課税事業者**	簡易課税事業者	簡易課税事業者
課税売上高 4,000万円	課税売上高 6,000万円	課税売上高 1,000万円	課税売上高 1,000万円	課税売上高 1,000万円	
	簡易課税制度 選択届出提出		2024年7/1に 建物を 税抜2,000万円 で購入 （高額特定資産を購入）		

最後に特殊例についてです。収益不動産売却のタイミングでは、できる限り免税事業者になっておいたほうが建物の消費税の納税がなく、売却による手残りが多くなります。そこで、売却する事業年度を免税事業者にするために決算期変更というテクニックを使った例を記載します。かなり高度なテクニックになりますが、売却による消費税の納税を回避するための1つの手立てになります。図4-17を見てください。

設立当初から12月決算の法人で収益不動産を数棟購入し、賃貸業を行っていたとします。2022年12月期の事業年度に1棟の収益不動産を売却したことにより課税売上高が8,000万円となりました。

2023年12月期の基準期間（2021年12月期）の課税売上高は100万円

であったため、2023年12月期は免税事業者となります。

2024年12月期の基準期間（2022年12月期）の課税売上高は8,000万円であったため、2024年12月期は本則課税事業者となります。**この事業年度の途中である2024年5月1日に2棟目の収益不動産を売却してしまうと、建物9,000万円に含まれる消費税を納税する**ことになります。

ちなみに、2025年12月期の基準期間（2023年12月期）の課税売上高は100万円であったため、2025年12月期は免税事業者となっています。

図4-17 特殊例（決算期変更によるテクニック①）

	2021年 12/31	2022年 12/31	2023年 12/31	2024年 12/31	2025年 12/31	2026年 12/31
免税事業者	免税事業者	免税事業者	**本則課税事業者**	免税事業者	**本則課税事業者**	
課税売上高 100万円	課税売上高 8,000万円	課税売上高 100万円	課税売上高 9,000万円	課税売上高 100万円		
	① 建物を 8,000万円で 売却		2024年5/1に ② 建物を 9,000万円で売却			
			消費税納税			

この2棟目の収益不動産の売却による消費税納税を回避したいと考え、決算期の変更を行います。それが図4-18になります。

図4-18 特殊例（決算期変更によるテクニック②）

	2021年 12/31	2022年 12/31	2023年 12/31	2024年 4/30	2025年 4/30	2026年 4/30
免税事業者	免税事業者	免税事業者	**本則課税 事業者**	免税事業者	免税事業者	**本則課税 事業者**
課税売上高 100万円	課税売上高 8,000万円	課税売上高 100万円	課税売上高 0円	課税売上高 9,000万円		
	① 建物を 8,000万円で 売却		12月末 ↓ 4月末へ 決算期変更	2024年5/1に ② 建物を 9,000万円で売却		
				免税のため 消費税納税ゼロ		

2023年12月末の決算後、2024年4月末決算に変更しています。

2024年4月期の基準期間（2022年12月期）の課税売上高は8,000万円であったため、2024年4月期は本則課税事業者となります。しかし、**2025年4月期の基準期間（2023年12月期）の課税売上高は100万円であったため、2025年4月期は免税事業者**となります。

法人の納税義務の判定を行うのは、165ページでお伝えしたとおり「2期前」である「前々事業年度」でした。前々事業年度（2023年12月期）は1年未満ではなく1年間ありますので、この期間の課税売上高100万円を判定に使うことになります。

そうすると、**2棟目の収益不動産の売却は2024年5月1日に行われますので、免税事業者の期間に売却できる**ことになります。

つまり、**決算期変更により、本則課税事業者である期間を短縮し、免税事業者になれる期間を早めた**、ということです。決算期を変更することは特に大きな出費を伴いませんが、それによって消費税納税を大幅に削減しています。

このようなテクニックは決算期の変更ができる法人のみに許されるものですので、法人で収益不動産を所有している方はぜひ検討してみてください。決算期を変更するだけで、消費税納税のありなしにより驚くほど売却に伴うCFが変わります。

収益不動産の売却と高額特定資産の購入の注意点

4-2 で収益不動産を売却したあとの消費税のことまで意識してほしいと書いたのは、売却によるCFが多く残り、その資金を元手に新たな収益不動産を購入することがよくあるからです。**買い替えるタイミングによっては免税事業者に戻れる時期が遅くなります。**

売却した2年後（2事業年度後）に本則課税事業者となった場合で、本則課税事業者の期間に別の収益不動産を売却したら建物価額の消費税を納税しなければなりませんが、**別物件の売却ではなく、新たな1,000万円以上の建物などの購入についても取得時期を考えておかなければなりません。**

売却する事業年度が課税事業者であることを知らずに収益不動産を売却してしまい消費税納税をしなければならないというケースだけでなく、本則課税事業者の期間に高額特定資産を購入して本則課税事業者である期間が延びてしまい、それを知らずに物件を購入してしまうケースなど、知らないがために思わぬ状況に陥ってしまうことがあります。

　最後に注意点をまとめます。

【収益不動産を売却して2年後もしくは2事業年度後に本則課税事業者となった場合】
・本則課税期間中に別の物件を売却したら建物に含まれる消費税を納税
・本則課税期間中に1,000万円以上の建物などを購入したら本則課税事業者が継続
※ 簡易課税制度選択届出を提出済みの場合は例外。

　売却した事業年度の課税売上高の金額にもよりますが、課税売上高5,000万円以下であれば、別物件の売却や新規物件の購入に備えて簡易課税事業者になることの検討が必須になります。簡易課税事業者であれば、高額特定資産の3年縛りは関係がないからです。
　いずれにしても、売却や購入という大きな動きをする場合には、必ず消費税の状況を確認するようにしてください。

　ここ10年ほどで消費税法の改正が様々あり、課税事業者か免税事業者かを判定するのは税理士でも大変な作業になっています。個人の大家さんは一度、専門家に確認することをお勧めします。

4-4 売却視点からのインボイス制度

2023年10月から始まったインボイス制度。収益不動産の売却時にもインボイス制度は関係してきます。どのように影響するのかしっかりおさえましょう。

☑ インボイス制度の基礎と内容を理解する。
☑ 収益不動産の売却時にインボイス制度がどのように影響するか確認する。

インボイス制度の基礎知識

　事業者が免税事業者の場合には、消費者が負担した消費税が国に納税されず事業者の「益税」となります。国が、この益税に着目してインボイス制度が導入されました。まず、インボイス導入前とインボイス導入後に分けて見ていきます。図4-19を見てください。

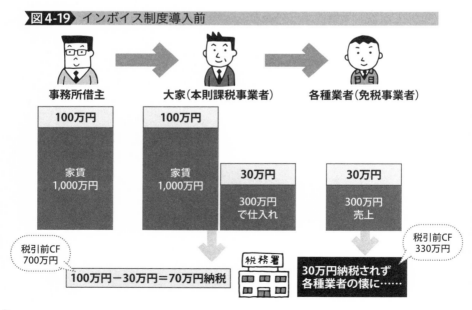

図4-19 インボイス制度導入前

皆さんは、まん中の大家（本則課税事業者）だと考えてください。事務所物件を所有している大家は家賃1,100万円をもらい、そのうち預かっている消費税が100万円。各種業者に330万円の支払いをして、支払っている消費税が30万円。大家は本則課税事業者のため、消費税の納税は70万円になります。

　大家の税引前CFは、売上1,100万円 － 経費330万円 － 消費税70万円 ＝ 700万円となります。

　各種業者が免税事業者だと、売上の330万円が入ってきて、消費税分の30万円は納税されないことになります。そのため、各種業者の税引前CFは330万円となります。

　事務所の借主が負担した消費税は、間接的に納税事業者である大家や各種業者が国に納付するのが消費税の本来の性質です。しかし、上記のような場合、事務所の借主が負担した100万円の消費税のうち70万円は大家によって納税されますが、残りの30万円は国に納税されず、各種業者の益税になっています。

　次に図4-20を見てください。

図4-20 インボイス制度導入後

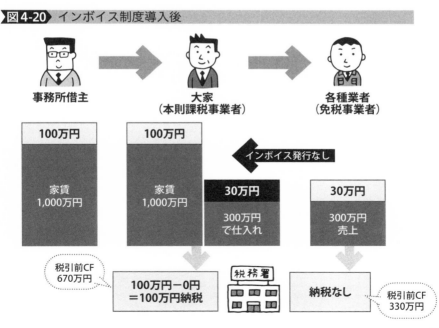

事務所物件を所有している大家は家賃1,100万円をもらい、そのうち預かっている消費税が100万円。各種業者に330万円の支払いをして、支払っている消費税が30万円。ここで、各種業者が免税事業者である場合、インボイスの発行ができません。インボイスを受け取れなければ、本則課税事業者である大家は、預かった消費税100万円から支払った消費税30万円を控除できないため、大家の消費税の納税は100万円になってしまいます。

大家の税引前CFは、**売上1,100万円 － 経費330万円 － 消費税100万円 ＝ 670万円**となります。

免税事業者である各種業者は、インボイス制度導入前と変わらずに、売上330万円が入ってきて消費税分の30万円は納税しないことになります。そのため、各種業者の税引前CFは330万円となります。

このように、インボイス制度導入後は、事務所の借主が負担した100万円の消費税はすべて課税事業者の大家によって納税されることになるのです。インボイス制度導入前なら免税事業者である各種業者に支払った経費にかかる消費税分を控除できていたので、税引前CFは700万円でしたが、**インボイス制度導入後は670万円となり、手残りが減ってしまう**のです。

インボイス制度によって、代金を支払う側（買い手）は、代金をもらう側（売り手）が免税事業者である場合、消費税の計算時に、支払った消費税を控除できなくなりました。また、代金をもらう側（売り手）が買い手に対してインボイスを発行するためには消費税の課税事業者となり、事前登録をしなければならなくなりました。

売り手

インボイスを発行するためには、課税事業者となって「適格請求書発行事業者」に登録しなければならない。

買い手

インボイスを保存しておかなければ支払った消費税を控除できない。免税事業者からの仕入れはインボイスが発行されないので、仕入税額控除できない。

$$\begin{array}{ccc} \text{課税売上にかかる} \\ \text{預かった消費税} \end{array} \quad - \quad \text{支払った消費税} \quad = \quad \text{納付する消費税}$$

$$\downarrow$$

$$\text{仕入税額控除}$$

収益不動産の売却とインボイス

　物件売却時におけるインボイス制度の影響の有無について説明します。物件の種別と、消費税に関する事業者の種別に分けて見ていくことにします。図4-21のマトリックスを見てください。

図4-21 物件売却時のマトリックス

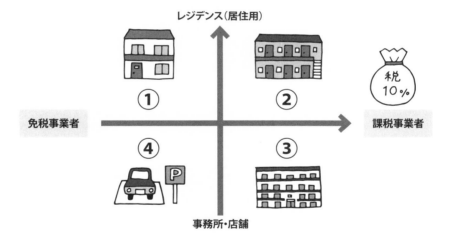

　横軸が消費税に関する事業者の種別で、免税事業者か課税事業者かで分けています。縦軸が物件の種別で、収入として課税売上が上がる（事務所／店舗）か、収入として非課税売上が上がる（居住用）かで分けています。
　インボイス制度後の物件売却について、①〜④の順番に1つずつ見ていきます。

免税事業者・居住用

マトリックス①に該当する図4-22を見てください。

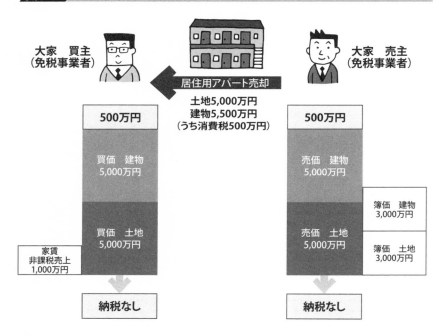

図**4-22** 免税事業者・居住用

▼ 売主の大家（免税事業者）

　売却益は、売価1億500万円 − 取得費（土地建物簿価）6,000万円となるので発生しますが、免税事業者であるため建物価額に含まれる消費税の納税はありません。

　買主の大家が免税事業者であるため、物件の売買代金にかかるインボイスの発行も要求されません。

▼ 買主の大家（免税事業者）

　免税事業者であるため消費税の納税はありません。買主のほうで消費税

の計算が不要なので、売主に対し物件の売買代金にかかるインボイスの発行を要求することもありません。

結論：インボイス制度の影響なし

課税事業者・居住用

マトリックス②に該当する図4-23を見てください。

図4-23 課税事業者・居住用

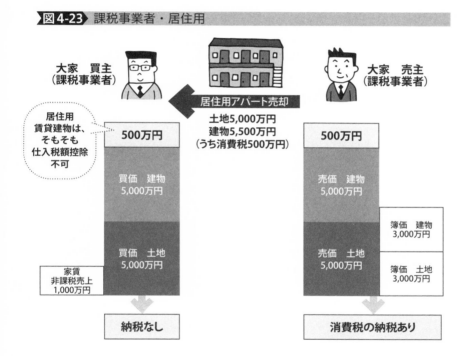

▼ **売主の大家（課税事業者）**

売却益は、売価1億500万円 − 取得費（土地建物簿価）6,000万円となるので発生し、課税事業者であるため建物価額に含まれる消費税の納税があります。

買主の大家（課税事業者）から、もし物件の売買代金にかかるインボイスの発行を要求されたとしても、売主の大家が課税事業者として「適格請求書発行事業者」に登録しておけば問題なくインボイスを発行することができます。

▼ 買主の大家（課税事業者）

居住用物件の家賃はすべて非課税売上のため、消費税の納税はありません。

買主の大家が簡易課税事業者の場合は、簡易課税は支払った消費税に着目しないため、売主の大家から物件の売買代金にかかるインボイスを発行してもらう必要はありません。

買主の大家が本則課税事業者の場合は、結論からいうと**消費税の納税はありません。**

本来であれば、売主の大家から物件の売買代金にかかるインボイスを発行してもらい、預かった消費税0円から支払った建物の消費税500万円を控除して還付を受けたいところですが、残念ながらこれはできません。なぜなら、**税抜1,000万円以上の居住用賃貸建物にかかる消費税は控除できない**ことになっているからです。これに関しては後述します。

つまり、**税抜1,000万円以上の居住用賃貸物件を購入する際には、売主からインボイスを発行してもらえても発行してもらえなくても、買主側では建物の消費税は1円も控除できない**、ということです。一方で、1,000万円未満の居住用賃貸建物の場合なら、買主側の売上の状況によっては、売主からインボイスをもらえれば建物にかかる消費税を控除できる可能性があります。

結論：インボイス制度の影響なし

上記のことから、居住用物件については「買主が本則課税事業者、売主が免税事業者で、かつ税抜1,000万円未満の居住用賃貸建物を購入する場合」にインボイス制度の影響が出ます。図4-24を見てください。

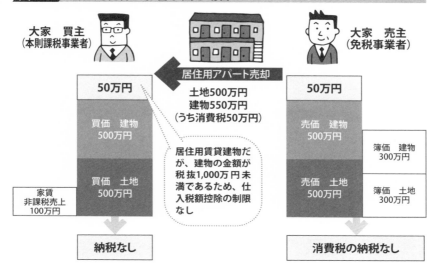

図4-24 居住用物件で影響が出る場合

大家　買主
（本則課税事業者）

大家　売主
（免税事業者）

居住用アパート売却

土地500万円
建物550万円
（うち消費税50万円）

50万円

買価　建物
500万円

買価　土地
500万円

家賃
非課税売上
100万円

居住用賃貸建物だが、建物の金額が税抜1,000万円未満であるため、仕入税額控除の制限なし

50万円

売価　建物
500万円

簿価　建物
300万円

売価　土地
500万円

簿価　土地
300万円

納税なし

消費税の納税なし

4
-
4

　居住用賃貸建物の金額が500万円であるため、買主側の売上の状況によっては、売主からインボイスをもらえれば建物にかかる消費税を控除できる可能性がありますが、**売主が免税事業者であるためインボイスを発行してもらえず、買主の消費税納税額が増えてしまう**ところが大きな影響といえます。これに関してはケースバイケースで、かなり複雑な話になりますので詳細は省略します。

　国税庁は「居住用賃貸建物」について以下のように定義しています。「居住用賃貸建物とは、住宅の貸付の用に供しないことが明らかな建物以外の建物のこと」。「住宅の貸付の用に供しないことが明らかな建物」とは、建物の構造や設備などの状況により住宅の貸付の用に供しないことが客観的に明らかなものをいい、例えばそのすべてが店舗である建物などが該当します。

課税事業者・事務所／店舗

　マトリックス③に該当する図4-25を見てください。

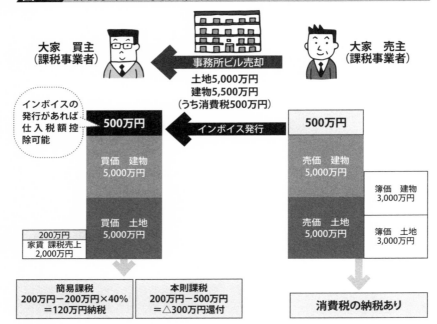

図4-25 課税事業者・事務所／店舗

大家 買主
（課税事業者）

大家 売主
（課税事業者）

事務所ビル売却
土地5,000万円
建物5,500万円
（うち消費税500万円）

インボイスの
発行があれば
仕入税額控
除可能

500万円

インボイス発行

500万円

買価 建物
5,000万円

売価 建物
5,000万円

簿価 建物
3,000万円

買価 土地
5,000万円

売価 土地
5,000万円

簿価 土地
3,000万円

200万円
家賃 課税売上
2,000万円

簡易課税 200万円－200万円×40% ＝120万円納税	本則課税 200万円－500万円 ＝△300万円還付

消費税の納税あり

▼ **売主の大家（課税事業者）**

　売却益は、売価1億500万円 － 取得費（土地建物簿価）6,000万円となるので発生し、課税事業者であるため建物価額に含まれる消費税の納税があります。

　買主の大家（課税事業者）から、もし物件の売買代金にかかるインボイスの発行を要求されたとしても、売主の大家が課税事業者として「適格請求書発行事業者」に登録しておけば問題なくインボイスを発行することができます。

▼ **買主の大家（課税事業者）**

　事務所／店舗物件の家賃はすべて課税売上のため、消費税の納税があります。

　買主の大家が簡易課税事業者の場合は、簡易課税は支払った消費税に着目しないため、売主の大家から物件の売買代金にかかるインボイスを発行

してもらう必要はありません。

　買主の大家が本則課税事業者の場合は、売主の大家から物件の売買代金にかかるインボイスを発行してもらい、預かった消費税200万円から支払った建物の消費税500万円を控除して300万円の消費税還付を受けることができます。**事務所／店舗物件は居住用賃貸建物と違い、売主からインボイスさえもらえれば、預かった消費税から建物の消費税をすべて控除する**ことができます。

結論：インボイス制度の影響なし

免税事業者・事務所／店舗

マトリックス④に該当する図4-26を見てください。

図4-26 免税事業者・事務所／店舗

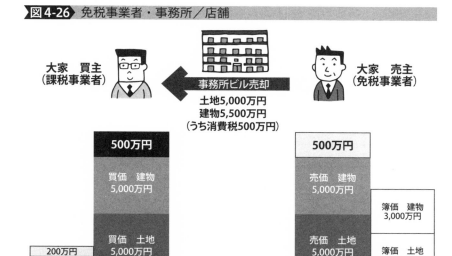

▼ 売主の大家（免税事業者）

　売却益は、売価1億500万円 − 取得費（土地建物簿価）6,000万円となるので発生しますが、免税事業者であるため消費税の納税はありません。

　課税事業者である買主の大家から物件の売買代金にかかるインボイスの発行を要求されたとしても、売主の大家は免税事業者であるためインボイスを発行することはできません。

▼ 買主の大家（課税事業者）

　事務所／店舗物件の家賃はすべて課税売上のため、消費税の納税があります。

　買主の大家が簡易課税事業者の場合は、簡易課税は支払った消費税に着目しないため、売主の大家に対して物件の売買代金にかかるインボイスを要求する必要がありません。

　買主の大家が本則課税事業者の場合は、**売主の大家からインボイスを発行してもらえないので、預かった消費税200万円から支払った建物の消費税500万円を控除することができず200万円の納税**になります。

結論：インボイス制度の影響あり

　売主が課税事業者であれば物件の売買代金にかかるインボイスを発行してもらえて買主の消費税の納税が減少するところ、インボイスの発行がないために買主の消費税の納税が増えてしまうところが大きな影響といえます。

　売主からのインボイスの発行がないために買主の消費税納税額が増えてしまうような場合には、買主から売主に対して売買価額の値引き交渉が入る可能性があります。売却活動を始めて買付が入った段階で、買主が課税事業者かどうか、また買主が本則課税事業者と簡易課税事業者のどちらであるかまで確認しておいたほうがよいでしょう。

188ページで「後述」とした内容について説明します。

2020年10月1日以降、マンションやアパートで税抜1,000万円以上の居住用賃貸建物を購入した場合、建物価額に含まれる消費税は、預かった消費税から控除することができなくなりました。

これまでの説明を踏まえると、この規定は本則課税事業者にしか影響がないことは理解してもらえると思います。

その上で、居住用賃貸建物を取得した場合、取得した時点で支払った消費税を控除することはできませんが、その後一定期間内（居住用賃貸建物を購入した日の属する課税期間の初日から3年内）に売却した場合には、あとから追加で控除を受けることができるようになります。

また、建物の一部が事務所や店舗であるときは、使用床面積割合など建物の実態に応じた合理的な基準によって、居住用賃貸建物部分と事務所／店舗部分を区分し、居住用賃貸建物部分の消費税は控除不可で、事務所／店舗部分の消費税は控除可能というように計算します。

ここで、**4-3** で説明した高額特定資産のことを思い出してください。

高額特定資産は、税抜1,000万円以上の建物などでした。本則課税事業者の期間に高額特定資産を購入した場合には、本則課税事業者である期間が延びます（3年縛り）。

つまり、

・本則課税事業者
・税抜1,000万円以上の居住用賃貸建物の購入

という**2つの条件がそろうと、**

・本則課税事業者である期間が延びる（3年縛り）
・居住用賃貸建物部分に含まれる消費税は控除不可

となり、**ダブルパンチになる**のです。

　以前はこのような縛りや制限はなかったのですが、改正が入り消費税は
増税傾向となっています。高額特定資産だけでなく、居住用賃貸建物の取
得に関する仕入税額控除の制限についてもしっかり覚えておいてくださ
い。

数年前までは3年縛りはありませんでしたし、税抜1,000万円
以上の居住用賃貸建物の消費税を差し引くこともできました。
しかし、様々な手法を駆使して収益不動産取得時の建物消費税
の還付を受けようとする「消費税還付スキーム」が頻発するよ
うになり、これを是正するために消費税法が改正されることに
なったのです。

売買契約書なしで 取得費を求める方法

　個人の譲渡所得の金額は、土地や建物を売った金額から取得費と譲渡費用を差し引いて計算します。

　取得費は、土地の場合、買い入れたときの購入代金や購入手数料などの合計額です。

　建物の場合は、購入代金などの合計額から所有期間中の減価償却費相当額を差し引いた額です。売った土地建物が先祖伝来のものであるとか、買い入れた時期が古いなどの理由で取得費が分からない場合には、売却価額の5％相当額を取得費とすることができます。これを「概算取得費控除」といいます。

　また、実際の取得費が売った金額の5％相当額を下回る場合も、売った金額の5％相当額を取得費とすることができます。

　概算取得費控除は、原則として1952年12月31日以前から引き続き所有していた土地や建物などに適用されるものですが、1953年1月1日以降に取得した土地や建物などの取得費の計算でも、売却価額の5％で概算して差しつかえないとされています。

　ただ、取得費が売却価額の5％では譲渡所得の金額が大きくなりがちです。何とか取得費を調べることができれば、税金は軽くなることが多いはずです。当時の売買契約書が見つからなくてもあきらめる必要はありません。合理的であれば次ページのような方法を用いて算定した金額も取得費として認められるのです。

取得費が不明なため概算取得費控除を使って確定申告したあとに、土地などを取得した際の売買契約書が出てきた場合には更正の請求をして税金を取り戻すことができます。ただし、期限は法定申告期限から5年以内です。

▼ 取得費を推定する方法

① 購入時の不動産業者が現在も存在している場合、当時の販売図面、価格表が記載されたチラシやパンフレットを入手し、それを根拠とします。

② 通帳で手付金・残代金の支払い履歴を確認できる場合、土地建物の謄本に記載されている所有権移転時期と支払い時期が一致していれば、それを根拠とします。

③ 不動産鑑定士に過去の取得費を算定してもらい、それを根拠とします。鑑定士が計算するためには、土地がある都道府県の不動産鑑定士協会に当時の取引事例が保管されている必要があります。

④ ローンの返済予定表がある場合、謄本に記載されている所有権移転時期と借入時期が一致していれば、それを根拠とします。ただ、購入時に一部自己資金を支払っている場合は、借入金額に相当する部分を根拠とします。

⑤ ローンを組む際に金融機関と締結した金銭消費貸借契約書がある場合は、借入金額に相当する部分を根拠とします。

⑥ ローンを借りれば抵当権が設定されますので、抵当権設定金額が謄本の権利部「乙区」に記載されている場合は、抵当権設定金額に相当する部分を根拠とします。

⑦ 土地について、国会図書館で昭和時代の路線価図を取得し、それを根拠とします。路線価方式は1955年から導入されています。

⑧ 建物について、「建物の標準的な建築価額表」を参考に計算し、それを根拠とします。標準建築価額は、建物の取得費を算出する上で基準となる金額です。国税庁が公表している標準建築価額表には、建築年と新築当時の1㎡あたりの標準単価が出ていますので、建物の延べ床面積を掛けることで新築当時の建物価額を計算することができます。ただし、この価額表はあくまでも標準的なものになりますから、グレードが高い建物や大手ハウスメーカーが建築した建物の場合は、本来の価額に比べて低くなる可能性が高いです。

図4-27 建物の標準的な建築価額表（単位：千円／㎡）

建築年 / 構造	1975年	76年	77年	78年	79年	80年	81年	82年	83年	84年	85年	86年	87年	88年	89年
木造・木骨モルタル	67.7	70.3	74.1	77.9	82.5	92.5	98.3	101.3	102.2	102.8	104.2	106.2	110.0	116.5	123.1
鉄骨鉄筋コンクリート	126.4	114.6	121.8	122.4	128.9	149.4	161.8	170.9	168.0	161.2	172.2	181.9	191.8	203.6	237.3
鉄筋コンクリート	97.4	98.2	102.0	105.9	114.3	129.7	138.7	143.0	143.8	141.7	144.5	149.5	156.6	175.0	193.3
鉄骨	60.5	62.1	65.3	70.1	75.4	84.1	91.7	93.9	94.3	95.3	96.9	102.6	108.4	117.3	128.4

建築年 / 構造	1990年	91年	92年	93年	94年	95年	96年	97年	98年	99年	00年	01年	02年	03年	04年
木造・木骨モルタル	131.7	137.6	143.5	150.9	156.6	158.3	161.0	160.5	158.6	159.3	159.0	157.2	153.6	152.7	152.1
鉄骨鉄筋コンクリート	286.7	329.8	333.7	300.3	262.9	228.8	229.7	223.0	225.6	220.9	204.3	186.1	195.2	187.3	190.1
鉄筋コンクリート	222.9	246.8	245.6	227.5	212.8	199.0	198.0	201.0	203.8	197.9	182.6	177.8	180.5	179.5	176.1
鉄骨	147.4	158.7	162.4	159.2	148.4	143.2	143.6	141.0	138.7	139.4	132.3	136.4	135.0	131.4	130.6

建築年 / 構造	2005年	06年	07年	08年	09年	10年	11年	12年	13年	14年	15年	16年	17年	18年	19年
木造・木骨モルタル	151.9	152.9	153.6	156.0	156.6	156.5	156.8	157.6	159.9	163.0	165.4	165.9	166.7	168.5	170.1
鉄骨鉄筋コンクリート	185.7	170.5	182.5	229.1	265.2	226.4	238.4	223.3	258.5	276.2	262.2	308.3	350.4	304.2	363.3
鉄筋コンクリート	171.5	178.6	185.8	206.1	219.0	205.9	197.0	193.9	203.8	228.0	240.2	254.2	265.5	263.1	285.6
鉄骨	132.8	133.7	135.6	158.3	169.5	163.0	158.9	155.6	164.3	176.4	197.3	204.1	214.6	214.1	228.8

出典：国税庁 https://www.nta.go.jp/taxes/shiraberu/shinkoku/tebiki/2021/pdf/O/O13.pdf

図4-27を用いて、新築当時の建物の取得価額を計算してみます。1989年に新築された木造一戸建てで、延べ床面積が100㎡という条件だったとします。

```
新築当時の        =   建物の標準的な建築価額表   ×   延べ床面積
建物の取得価額         に該当する単価
```

図4-27より、1989年の木造は1㎡あたり12万3100円です。よって、12万3100円 × 100㎡ ＝ 1,231万円となります。

建物の標準的な建築価額表をはじめ、①〜⑧の方法の中で取り入れることができるものを組み合わせることで取得費の合理性はアップします。

M&Aで
不動産所有法人ごと売却する

応用編

不動産所有法人を
売買する意味とは？

不動産を売却するのではなく、不動産を所有している法人ごと売却するM＆Aについて取り上げます。不動産の売却では得られない、M＆Aならではのメリットを理解してください。

☑ 不動産所有法人を売買する仕組みについて理解する。
☑ M＆Aによる買主のメリット、売主のメリットを知る。

M&Aで法人が持つ物件のオーナーに

　不動産売買といえば、誰もが不動産そのものを売買することを思い浮かべるはずです。実務上でも、そのパターンが圧倒的に多いのですが、不動産売買のもう１つの形として「M＆A」という手法も知っておくと売却の幅が広がります。

　M＆Aは、Mergers and Acquisitionsの頭文字を取ったもので、直訳すると「合併と買収」という意味になります。つまり、会社を売ったり買ったりすることです。売る側は事業承継などの理由から、買う側は会社の規模拡大などの理由からM＆Aが行われています。

　第5章で取り上げるのは不動産所有法人のM＆Aです。図5-1を見てください。不動産所有法人のM＆Aとは、**不動産そのものを売買するのではなく、不動産を所有している法人の株式を売買して合併・買収する手法**です。**買主は不動産所有法人の株式を購入すると、実質的にその法人の所有物件のオーナーとなることができます。**

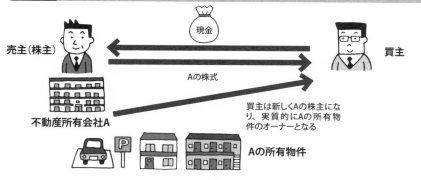

図5-1 不動産所有法人のM＆A

現金

売主（株主）

買主

Aの株式

不動産所有会社A

買主は新しくAの株主になり、実質的にAの所有物件のオーナーとなる

Aの所有物件

買主・売主の税務メリット

　不動産所有法人のM＆Aを活用することで、買主・売主双方とも税務的に大きなメリットがあります。買主側と売主側の、それぞれのメリットを説明します。

▼ 買主側のメリット

　デューデリジェンスにより、**物件に関する正確な情報を手に入れることができます。**

　デューデリジェンスとは「買収監査」のことをいいます。**購入前に物件の家賃明細や管理契約だけでなく、法人の決算書なども確認することができます。**不動産そのものを売買するときには確認できない、売主側の法人の負債（借入金の残高）や借入期間、借入利率も把握できるのです。

　また、何期分かの決算書を見れば以下のようなことがリアルに分かります。

- ・未収賃貸料　➡　滞納が発生しているか
- ・賃貸料　　　➡　家賃の下落や空室がないか
- ・修繕費　　　➡　どのくらいの修繕費が発生しているか
- ・広告宣伝費　➡　どのくらい入居者の入れ替わりがあるか
- ・水道光熱費　➡　共用部の電気代、水道代はどれくらいかかるか

このような**過去の実績を数字で正確に把握できるのは、Ｍ＆Ａならでは
の特徴でありメリット**といえます。

　次に、購入時の税金を抑えることが可能になります。
　不動産所有法人のＭ＆Ａを利用すると、**実物不動産購入時に通常必要と
なる不動産取得税や登録免許税が不要になる**税務メリットがあります。不
動産取得税や登録免許税が不要になるのは、不動産の所有権移転を伴わな
いためです。
　実際にどのくらい節税効果があるのか見てみましょう。

【不動産取得税】

・土地（固定資産税評価額1億円の場合）

　1億円 × $\frac{1}{2}$ × 3%（住宅軽減）= 150万円

・建物（固定資産税評価額1億円の場合）

　1億円 × 3%（住宅軽減）= 300万円

　合計450万円

【登録免許税】

・土地（固定資産税評価額1億円の場合）

　1億円 × 1.5% = 150万円

・建物（固定資産税評価額1億円の場合）

　1億円 × 2% = 200万円

　合計350万円

　上記の計算式について補足します。事務所や店舗ではなく「住
宅」を取得した場合は以下のような軽減措置があります。

・土地 ➡ 固定資産税評価額を$\frac{1}{2}$に減額し、さらに税率を3%
　（本来は4%）とする軽減税率が適用される

・建物 ➡「住宅」として取得した建物に対しては3%（本来は
　4%）の軽減税率が適用される

応用編

上記の例なら、不動産所有法人のM＆Aにより購入することで450万円 + 350万円で諸経費合計800万円の節税になる、ということです。

　実物不動産を購入する際に必ずかかる税金が不動産所有法人のM＆Aを利用すると不要となり、**購入時の初期費用が抑えられ、少ない自己資金でも購入が可能**になります。

▼ 売主側のメリット

　売主側は手残りが多くなることがメリットになります。図5-2を見てください。

図5-2 売主側のメリット

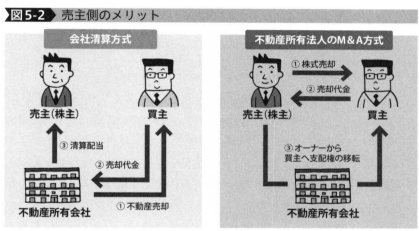

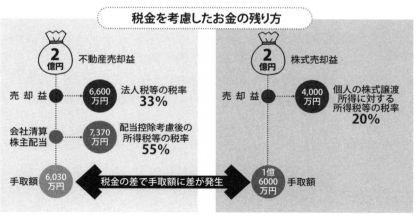

図の左側に記載しているのが、不動産そのものを売却したあと法人を清算し株主に残余財産を分配する「会社清算方式」で、図の右側に記載しているのが、不動産を所有している法人をまるごと売却する「不動産所有法人のＭ＆Ａ方式」になります。

　この２つは、税金まで考慮すると手残りに大きな差が生じます。

　図の下側を見てください。会社清算方式では、不動産売却益２億円に対して33％の法人税等が課されて6,600万円の税金が発生しています。また、会社の清算により配当所得が発生し、２億円から6,600万円を差し引いた差額である１億3400万円に対して55％の所得税等が課されて7,370万円の税金が発生しています。２億円から法人税等6,600万円と所得税等7,370万円が引かれて、6,030万円が手取額となります。

　一方、不動産所有法人のＭ＆Ａ方式では、株式の売却益２億円に対して20％の所得税等が課されて4,000万円の税金が発生します。２億円から所得税等4,000万円が引かれて、１億6000万円が手取額となります。

応用編

　不動産所有法人のＭ＆Ａ方式の場合には、**株式の譲渡益に対する所得税等の20％しか税金が発生しない**のに対し、会社清算方式の場合には、**不動産売却益に対する法人税等や、残余財産を株主に分配した際の配当に対する税金が発生する**可能性があるため手取額に差が出るのです。これに関しては後ほど詳しく説明します。

　Ｍ＆Ａは大企業のものと思われがちです。また、Ｍ＆Ａに対して「身売り」「敵対的買収」「企業乗っ取り」といったマイナスイメージを持つ方も多いかもしれません。しかし、それは一面的な見方です。Ｍ＆Ａの有効活用について正しい知識で理解してもらいたいです。

M&Aの進め方と 法人の株価算定方法

不動産所有法人のM＆Aについて、最初の購入検討から最後の売却までの流れをお伝えします。また、一番のポイントとなる株式の売買価額の算定はどのように行われるのかを説明します。

☑ 不動産所有法人のM＆Aを行う場合の基本的な流れを知る。
☑ 株式の売買価額の計算方法と、その手順を理解する。

M&Aを滞りなく進めるステップ

　不動産所有法人のM＆Aを行う際の流れや進め方を見ていきます。不動産そのものを売買する際の流れと比較しながら読み進めてください。

▼ ① まずはM&Aで購入できる物件情報を入手する

　不動産そのものを売買する場合と同様に、

・直近の賃料明細書（レントロール）
・固定資産税評価明細書
・土地建物の登記簿謄本
・確認図面、確認済証
・物件写真
・修繕履歴

などを入手します。
　これに加えて、**M＆Aの場合は以下の資料も入手した**ほうがよいです。

・売り手の法人の登記簿謄本
・直近3期分の決算書、総勘定元帳

・直近の残高試算表

・借入金返済予定表（借入期間や借入金利の確認のため）

・火災保険証券（保険期間や補償内容の確認のため）

これらを入手する場合には秘密保持契約を締結することが一般的です。

▼ ② 株式の売買価額を算定する

おおよその株式の譲渡代金を確認します。売買価額の算定方法は後述します。

▼ ③ 法人の決算書と総勘定元帳を確認する

決算書は、主に貸借対照表と損益計算書に着目します。

【貸借対照表】

・未収賃貸料	➡	滞納がないかどうかを確認
・仮払金、仮受金	➡	勘定科目内訳明細書をもとに詳細を確認
・建物	➡	減価償却内訳明細書をもとに耐用年数を確認（あと何年で減価償却が終了するかを確認）
・器具備品、車両	➡	減価償却内訳明細書をもとに、どのような内容か詳細を確認
・未払金、未払費用	➡	勘定科目内訳明細書をもとに詳細を確認
・役員長期借入金	➡	金額を確認

特に役員長期借入金は、M＆A実行による最終精算のときに重要となります。詳細は後述します。

【損益計算書】

広告宣伝費、水道光熱費、租税公課など、不動産賃貸業を行う上でどのくらいの費用が発生しているかを確認します。

また、**損益計算書を用いておおよそのCFを計算**します。「**税引前当期純利益 ＋ 減価償却費 － 借入金元本返済**」で計算することにより年間の手

残りを簡便的に確認することができます。

▼ ④ 実際に物件を見に行く

物件を確認すると同時に、管理会社へも足を運んだほうがよいでしょう。周辺の家賃相場や競合物件についてヒアリングしてみてください。

また、今後どのような修繕が求められそうか確認することも必要です。このあたりは不動産そのものを売買する場合と変わりません。

▼ ⑤ 金融機関に打診する

まずは売主が、借入をしている金融機関にＭ＆Ａにて売却することを伝えます。

金融機関が不動産所有法人のＭ＆Ａに前向きかどうかは、私の肌感覚でいうと、基本的に前向きだと感じています。その大きな理由は、融資をしている金融機関からしてみると、不動産そのものを売買する場合は売却に伴って残債を一括返済されてしまうので融資残高が減少してしまいますが、Ｍ＆Ａでの売却であれば買主側に問題がなければ融資がそのまま続行されて融資残高が減少しないためです。

 Ｍ＆Ａにて売却することが問題ないとなれば、次は買い手の審査となります。

買い手は、不動産そのものを売買する場合と同様に、直近３年分の確定申告書などを提出し、金融機関の担当者と面談します。もしここでNGとなったら、ほかの金融機関に打診するしかありません。その場合は、実質的に借り換えを行うことによりＭ＆Ａが実行されることになります。もし売り手が固定金利で借りていると、違約金が発生する可能性が高くなります。

金融機関の担当者との面談による審査を通過したら、買主は借入期間と借入金利を確認します。**通常は売主が借り入れている融資条件を引き継ぐことになりますが、買主の属性や状況によっては金利が変動する可能性もあります。**

逆にいえば、**売主が借りている金融機関からそのままスライドして買主**

が借りられると非常にスムーズにＭ＆Ａを実行できます。当然、売主が借り入れている条件がよければ、それを引き継ぐことのメリットは大きくなります。

▼ ⑥ Ｍ＆Ａ実行日を決める

　Ｍ＆Ａの実行日には、株式の譲渡代金を売主の法人の株主に支払うことになりますので、売主・買主の間で決済日を決めます。

▼ ⑦ 司法書士による登記を行う

　法人の本店所在地、法人名、代表者、役員について、売主の情報から買主の情報へ変更登記を行います。

▼ ⑧ 関係各所に連絡する

　⑦により法人の本店所在地や代表者が変わるため、今まで売主と取引のあった関係業者に変更の連絡をしなければなりません。例えば、法人の普通預金口座の名義変更連絡、管理会社や火災保険代理店への変更連絡などになります。

▼ ⑨ 税務署、地方自治体に異動届を提出する

　法人の本店所在地、法人名、代表者が変更になった場合には、税務署、都道府県税事務所、市役所に異動届を提出しなければなりません。特に期限はありませんが、遅くとも決算申告期限までには提出しないといけません。

＊＊＊＊＊

　これが全体的な流れになります。

　不動産そのものを売買すると、このあと不動産取得税や登録免許税といった税金が発生しますが、 5-1 で説明したとおりＭ＆Ａの場合はこれらの費用は発生しません。

**　Ｍ＆Ａで購入時に発生する主な費用としては、Ｍ＆Ａによる仲介手数料と、⑦の司法書士に支払う登記関連費用**となります。

法人の株価算定方法

　不動産所有法人のM＆Aは、不動産そのものを売買するのではなく、不動産を所有している法人の株式を売買します。では、法人の株価はどのように決まるのでしょうか。

　不動産そのものの売買は不動産の売買代金を授受しますが、M＆Aでは株式を授受しますから、株式の代金を計算しなければなりません。ここでは、M＆Aにおける株式価額の計算方法を説明します。

図5-3　法人の貸借対照表

株式会社○○○○

貸　借　対　照　表

萱谷 有香

2024 年 2 月 29 日 現在

（単位：円）

科　　　目	金　　額	科　　　目	金　　額
（資　産　の　部）		（負　債　の　部）	
Ⅰ　流動資産	(13,000,000)	Ⅰ　流動負債	(250,000)
現金及び預金	13,000,000	未払金	50,000
		未払法人税等	200,000
Ⅱ　固定資産	(42,080,000)	Ⅱ　固定負債	(42,230,000)
有形固定資産	(34,070,000)	長期借入金	34,230,000
建物	23,070,000	役員長期借入金	8,000,000
土地	11,000,000		
無形固定資産	(0)	負債の部合計	42,480,000
		（純　資　産　の　部）	
投資その他の資産	(8,010,000)	Ⅰ　株主資本	
長期前払費用	10,000	資本金	1,000,000
保険積立金	8,000,000	利益剰余金	(11,600,000)
		(1) その他利益剰余金	(11,600,000)
Ⅲ　繰延資産	(0)	繰越利益剰余金	11,600,000
創立費		純資産の部合計	12,600,000
資産の部合計	55,080,000	負債・純資産の部合計	55,080,000

2-1 でも出てきた、物件を所有している私の法人を例に使います。物件購入からちょうど9年が経過した直後の法人の貸借対照表（2024年2月29日時点）を確認することからスタートします。図5-3を見てください。

　勘定科目のうち4点について補足します。

　① 長期前払費用は、火災保険料の未償却分です。10年前に収益不動産を購入した際に10年分の火災保険料を一括して支払ったため、毎年1年分を償却して保険料という経費を計上しています。ちょうど9年経過したため、最後の1年分の火災保険の未償却分が残っています。

　② 保険積立金は、**経営セーフティ共済の掛金**になります。経営セーフティ共済は 3-6 で取り上げました。

　③ 未払金は、賃貸業に関連して発生した経費ですが、支払いは翌期になるため未払金という負債に計上しています。

　④ 役員長期借入金は、私自身が法人に対して貸し付けている金額で、法人から見ると私（代表者）から借りている金額となります。収益不動産を購入するときに支出した自己資金も、ここに計上されています。

　この直近の貸借対照表から、**有形固定資産の土地建物の金額を希望売却価額に変更**します。

　利回り10%（売価5,000万円）を希望売却価額とし、数字を入れ替えます。**建物2,307万円 ＋ 土地1,100万円 ＝ 3,407万円を5,000万円に変更**したものが図5-4になります。

　土地建物の金額の入れ替えに連動して、繰越利益剰余金も変動することになります。1,160万円が2,753万円に増加することで貸借が一致します。

　ここで出てきた純資産の部の合計額である2,853万円が、2024年2月29日時点でのM＆Aの株式価額になります。

図5-4 希望売却価額に変更後の法人の貸借対照表

貸 借 対 照 表

株式会社○○○○　　　　　　　　　　2024 年 2 月 29 日 現在　　　　　　　　萱谷 有香

（単位：円）

科　目	金　額	科　目	金　額
（資 産 の 部）		（負 債 の 部）	
Ⅰ　流動資産	(13,000,000)	Ⅰ　流動負債	(250,000)
現金及び預金	13,000,000	未払金	50,000
0	0	未払法人税等	200,000
		0	0
		0	0
		0	0
		0	0
		0	0
Ⅱ　固定資産	(58,010,000)	Ⅱ　固定負債	(42,230,000)
有形固定資産	(50,000,000)	長期借入金	34,230,000
建物	50,000,000	役員長期借入金	8,000,000
土地		0	0
0	0	0	0
0	0	0	0
0	0	0	0
無形固定資産	(0)	負債の部合計	42,480,000
0	0	（純 資 産 の 部）	
投資その他の資産	(8,010,000)	Ⅰ　株主資本	
長期前払費用	10,000	資本金	1,000,000
保険積立金	8,000,000	利益剰余金	(27,530,000)
0	0	(1) その他利益剰余金	(27,530,000)
Ⅲ　繰延資産	(0)	繰越利益剰余金	27,530,000
創立費	0	純資産の部合計	28,530,000
資産の部合計	71,010,000	負債・純資産の部合計	71,010,000

M&A実行に向けて最終精算を行う

　先ほどの貸借対照表は2024年2月29日時点でしたが、実際にはその時点よりもあとにM＆A実行日を迎えることになります。そのため、**M＆A実行日における貸借対照表に修正し、精算すべきものは精算**していきます。

　ここでは、M＆A実行日を2024年5月1日と仮定します。

▼ 長期借入金の減少と現預金の増加

2024年2月29日から2024年5月1日へと2カ月経過したことにより、**長期借入金の金額が減少し、家賃収入による現預金が増加**しました。

図5-5 評価替え貸借対照表①

株式会社○○○○ / 萱谷 有香

貸 借 対 照 表

2024年5月1日現在

(単位：円)

科　　目	金　額	科　　目	金　額
（資　産　の　部）		（負　債　の　部）	
I　流動資産	(15,000,000)	I　流動負債	(250,000)
現金及び預金	15,000,000	未払金	50,000
0	0	未払法人税等	200,000
0	0	0	0
0	0	0	0
0	0	0	0
0	0	0	0
0	0	0	0
II　固定資産	(58,010,000)	II　固定負債	(41,830,000)
有形固定資産	(50,000,000)	長期借入金	33,830,000
建物	50,000,000	役員長期借入金	8,000,000
土地		0	0
0	0	0	0
0	0	0	0
無形固定資産	(0)	負債の部合計	42,080,000
0	0	（純　資　産　の　部）	
投資その他の資産	(8,010,000)	I　株主資本	
長期前払費用	10,000	資本金	1,000,000
保険積立金	8,000,000	利益剰余金	(29,930,000)
0	0	（1）その他利益剰余金	(29,930,000)
III　繰延資産	(0)	繰越利益剰余金	29,930,000
創立費	0	純資産の部合計	30,930,000
資産の部合計	73,010,000	負債・純資産の部合計	73,010,000

応用編

▼ 未払金、未払法人税等の支払い

　未払金と未払法人税等を現預金で支払い、**未払金と未払法人税等はゼロ
になり、その分、現預金が減少**しています。

図5-6 評価替え貸借対照表②

株式会社○○○○	貸 借 対 照 表		萱谷 有香

2024 年 5 月 1 日 現在

（単位：円）

科　　　　目	金　　額	科　　　　目	金　　額
（資 産 の 部）		（負 債 の 部）	
Ⅰ　流動資産	(14,750,000)	Ⅰ　流動負債	(0)
現金及び預金	14,750,000	未払金	0
0	0	未払法人税等	0
0	0	0	0
0	0	0	0
0	0	0	0
0	0	0	0
0	0	0	0
Ⅱ　固定資産	(58,010,000)	Ⅱ　固定負債	(41,830,000)
有形固定資産	(50,000,000)	長期借入金	33,830,000
建物	50,000,000	役員長期借入金	8,000,000
土地		0	0
0	0	0	0
0	0	0	0
0	0	0	0
無形固定資産	(0)	負債の部合計	41,830,000
0	0	（純 資 産 の 部）	
投資その他の資産	(8,010,000)	Ⅰ　株主資本	
長期前払費用	10,000	資本金	1,000,000
保険積立金	8,000,000	利益剰余金	(29,930,000)
0	0	（1）その他利益剰余金	(29,930,000)
Ⅲ　繰延資産	(0)	繰越利益剰余金	29,930,000
創立費	0	純資産の部合計	30,930,000
資産の部合計	72,760,000	負債・純資産の部合計	72,760,000

5
－
2

▼ 保険積立金の解約

保険積立金として計上している経営セーフティ共済を解約し、**保険積立金がゼロになり、その分、解約返戻金として現預金が増加**しています。

図5-7 評価替え貸借対照表③

株式会社○○○○		貸 借 対 照 表	萱谷 有香	
		2024 年 5 月 1 日 現在		

(単位：円)

科　　目	金　額	科　　目	金　額
（資　産　の　部）		（負　債　の　部）	
Ⅰ　流動資産	(22,750,000)	Ⅰ　流動負債	(0)
現金及び預金	22,750,000	未払金	0
0	0	未払法人税等	0
0	0	0	0
0	0	0	0
0	0	0	0
0	0	0	0
0	0	0	0
Ⅱ　固定資産	(50,010,000)	Ⅱ　固定負債	(41,830,000)
有形固定資産	(50,000,000)	長期借入金	33,830,000
建物	50,000,000	役員長期借入金	8,000,000
土地		0	0
0	0	0	0
0	0	0	0
0	0	0	0
無形固定資産	(0)	負債の部合計	41,830,000
0	0	（純　資　産　の　部）	
投資その他の資産	(10,000)	Ⅰ　株主資本	
長期前払費用	10,000	資本金	1,000,000
保険積立金	0	利益剰余金	(29,930,000)
0	0	（1）その他利益剰余金	(29,930,000)
Ⅲ　繰延資産	(0)	繰越利益剰余金	29,930,000
創立費	0	純資産の部合計	30,930,000
資産の部合計	72,760,000	負債・純資産の部合計	72,760,000

▼ 役員長期借入金の返済

代表者に対する役員長期借入金を返済し、**役員長期借入金がゼロになり、その分、現預金が減少**しています。

図5-8 評価替え貸借対照表④

貸 借 対 照 表

株式会社○○○○　　　　　　　　　　　　　　　　　萱谷 有香

2024 年 5 月 1 日 現在

（単位：円）

	科　　目	金　額		科　　目	金　額
	（資 産 の 部）			（負 債 の 部）	
I	流動資産	(14,750,000)	I	流動負債	(0)
	現金及び預金	14,750,000		未払金	0
	0	0		未払法人税等	0
	0	0		0	0
	0	0		0	0
	0	0		0	0
	0	0		0	0
	0	0		0	0
II	固定資産	(50,010,000)	II	固定負債	(33,830,000)
	有形固定資産	(50,000,000)		長期借入金	33,830,000
	建物	50,000,000		役員長期借入金	0
	土地			0	0
	0	0		0	0
	0	0		0	0
	0	0		0	0
	無形固定資産	(0)		負債の部合計	33,830,000
	0	0		（純 資 産 の 部）	
	投資その他の資産	(10,000)	I	株主資本	
	長期前払費用	10,000		資本金	1,000,000
	保険積立金	0		利益剰余金	(29,930,000)
	0	0		（1）その他利益剰余金	(29,930,000)
III	繰延資産	(0)		繰越利益剰余金	29,930,000
	創立費	0		純資産の部合計	30,930,000
	資産の部合計	64,760,000		負債・純資産の部合計	64,760,000

長期前払費用に残っている1万円の火災保険について補足します。これは、売主が火災保険の契約を解約するか、売主が契約している火災保険を買主がそのまま引き継ぐかを選択することになります。火災保険の引き継ぎについては **3-3** の内容を思い出してください。ここでは、売主の火災保険の契約を買主がそのまま引き継ぐ前提で話を進めます。

　ここに出てきた純資産の部の合計額である3,093万円が、2024年5月1日時点でのM＆Aの株式価額になります。M＆Aの実行日にこの売買代金がやりとりされることで取引が成立します。

▼「現預金 ＜ 役員長期借入金」に注意する

　最後に注意点を述べます。206ページで、貸借対照表の役員長期借入金について金額を確認するように記載しました。

　例えば、未払金、未払法人税等、保険積立金が現預金に加算・減算されたことにより、役員長期借入金を精算する前の段階で図5-9のような状態になっていたとします。

　この場合、役員長期借入金のうち1,000万円は現預金から支払うことができます。しかし、残りの1,000万円については役員長期借入金を返済することができません。**M＆Aが実行されて代表者が代わったとしても、前の代表者への借入金が残ったままになり、法人としては前の代表者個人に対して借入金を返済する義務を負った状態**になります。

　このような場合には、**株式の売買代金に加えて、売主個人に対して借入金の返済分を支払う**ことになります。図5-9でいうと、株式の売買代金618万円に、前の代表者に対する借入金の返済1,000万円を加えた1,618万円をM＆Aの実行日に支払うことになります。

　売主の貸借対照表で、**現預金よりも役員長期借入金がかなり多いと株式の売買代金だけでは済まないことがあります**ので、M＆Aでの売買を進める際には早めのチェックが必要になります。

図5-9　評価替え貸借対照表⑤

株式会社○○○○　　　　　　　　**貸　借　対　照　表**　　　　　萱谷 有香

2024 年 5 月 1 日 現在

（単位：円）

科　　目	金　額	科　　目	金　額
（資 産 の 部）		（負 債 の 部）	
Ⅰ　流動資産	（10,000,000）	Ⅰ　流動負債	（0）
現金及び預金	10,000,000	未払金	0
0	0	未払法人税等	0
0	0	0	0
0	0	0	0
0	0	0	0
0	0	0	0
0	0	0	0
Ⅱ　固定資産	（50,010,000）	Ⅱ　固定負債	（53,830,000）
有形固定資産	（50,000,000）	長期借入金	33,830,000
建物	50,000,000	役員長期借入金	20,000,000
土地		0	0
0	0	0	0
0	0	0	0
0	0	0	0
無形固定資産	（0）	負債の部合計	53,830,000
0	0	（純 資 産 の 部）	
投資その他の資産	（10,000）	Ⅰ　株主資本	
長期前払費用	10,000	資本金	1,000,000
保険積立金	0	利益剰余金	（5,180,000）
0	0	（1）その他利益剰余金	（5,180,000）
Ⅲ　繰延資産	（0）	繰越利益剰余金	5,180,000
創立費	0	純資産の部合計	6,180,000
資産の部合計	60,010,000	負債・純資産の部合計	60,010,000

5－2

M＆Aのための株価算定は複雑ですが、買収日以降は株主と代表者、その他役員がごっそり交代するだけなので、実態は思いのほか簡単でスムーズだったりします。

5-3

CFの差は
どれほどか?

不動産そのものを売却する場合と、不動産所有法人のM＆Aの場合
では、利益の計算方法だけでなく税率も違います。それに伴ってCF
の計算も異なります。

☑ 会社清算方式での利益とCFを理解する。
☑ M＆Aでの株式売買による利益の計算方法と税率を知る。

会社清算方式でのCF

　不動産そのものを売却したあと法人を清算し株主に残余財産を分配する
会社清算方式と、不動産所有法人のM＆A方式とで、株主個人のCFを比
較してみます。

　まずは会社清算方式から見ていきます。計算に使う物件概要は以下のと
おりです。

【物件概要】

・法人での購入。1棟アパート

・当初購入価額　　　➡　5,000万円

　　　　　　　　　　　（内訳：土地1,100万円、建物3,900万円）

・構造　　　　　　　➡　木造2階建て

・年間満室家賃収入　➡　500万円（表面利回り10％）

　購入当初から現在まで家賃下落はゼロ

・総戸数　　　　　　➡　8戸

・現在の築年数　　　➡　築9年

・所有期間　　　　　➡　9年（新築で購入）

・当初借入金額　　　➡　5,100万円

・借入期間	➡	25年
・借入利率	➡	1.1%（変動金利）
・返済方法	➡	元利均等返済
・自己資金	➡	物件購入諸費用として100万円

　以下は、9年目が終了した2024年2月29日（決算日）の翌日に物件を売却した場合の売却CFです。

【売却CF】

利回り10%（売価5,000万円）で売却した場合 ➡ M＆Aの希望売却価額と同額にしている

※ このあとの計算を分かりやすくするために1万円未満切り捨て

① 売却価額	5,000万円
② 土地の簿価	1,100万円
③ 建物の簿価（9年間減価償却費計上後）	2,307万円
④ 仲介手数料（（①×3％＋6万円）×1.1）	171万円
⑤ 売却益（①－②－③－④）	1,422万円
⑥ 法人税等（⑤×33％）	469万円
⑦ 残債	3,423万円
⑧ 売却によるCF（①－④－⑥－⑦）	937万円

売却後、M＆Aの実行日と同じ2024年5月1日にこの法人を解散＆清算したとします。そのときの貸借対照表は図5-10のようになります。

法人の解散＆清算には最低2〜3ヵ月を要します。また、解散登記や、解散＆清算に伴う税務申告など士業への報酬も発生することになります。

図5-10 解散時点の貸借対照表

貸 借 対 照 表

株式会社○○○○

萱谷 有香

2024 年 5 月 1 日 現在

(単位：円)

科　　目	金　　額	科　　目	金　　額
（資　産　の　部）		（負　債　の　部）	
Ⅰ　流動資産	(19,490,000)	Ⅰ　流動負債	(0)
現金及び預金	19,490,000	未払金	0
		未払法人税等	0
Ⅱ　固定資産	(0)	Ⅱ　固定負債	(0)
有形固定資産	(0)	長期借入金	0
建物	0	役員長期借入金	0
土地	0		
無形固定資産	(0)	負債の部合計	0
		（純　資　産　の　部）	
投資その他の資産	(0)	Ⅰ　株主資本	
長期前払費用	0	資本金	1,000,000
保険積立金	0	利益剰余金	(18,490,000)
		(1) その他利益剰余金	(18,490,000)
Ⅲ　繰延資産	(0)	繰越利益剰余金	18,490,000
創立費		純資産の部合計	19,490,000
資産の部合計	19,490,000	負債・純資産の部合計	19,490,000

　図5-3（209ページ）の2024年2月29日時点の貸借対照表からどのような経緯を経て、この解散時点の貸借対照表になったかを説明します。

▼ 負債の部

　未払金5万円、未払法人税等20万円は支払期限までに支払うことによりゼロになります。

　売却に伴い借入金を完済するため、長期借入金3,423万円はゼロになります。

応用編

代表者に対しての借入金を返済するため、役員長期借入金800万円はゼロになります。

▼ 純資産の部

　【売却CF】で計算した**⑤ 売却益1,422万円から⑥ 売却にかかる法人税等469万円を控除し、さらに、経営セーフティ共済の解約返戻金800万円に対する法人税等（800万円 × 33% = 264万円）を控除した689万円が損益計算上の当期純利益となりますので、これを繰越利益剰余金に加算**します。2024年2月29日時点の繰越利益剰余金は1,160万円でしたので、689万円を加算すると1,849万円となります。

▼ 資産の部

　売却に伴い土地1,100万円、建物2,307万円はゼロになります。
　売却に伴い火災保険を解約したため、長期前払費用1万円はゼロになります。
　法人解散に伴い保険を解約したため、保険積立金800万円はゼロになります。
　現預金は、上記の取引により以下のように増減します。

2024.2.29時点の現預金	1,300万円
未払金の支払い	△5万円
未払法人税等の支払い	△20万円
長期前払費用の火災保険解約返戻金の入金	＋1万円
保険積立金の保険の解約返戻金の入金	＋800万円
役員長期借入金の返済	△800万円
【売却CF】⑧ 税引後CFの入金	＋937万円
セーフティ共済の解約返戻金に対する法人税等の支払い	△264万円
差　引	1,949万円

　この状態から法人を解散＆清算する際には、「**残余財産**」の分配を株主に**行います**。残余財産は、債権者に対して債務の支払いを行ったあとに残った資産のことです。

この例でいうと、現預金の1,949万円が残余財産となり、これを出資者である株主に分配します。**このように解散の決議によって株主へ金銭が支払われる場合、純粋な利益の配当ではありません。しかし、税務上は配当とみなされます。これを「みなし配当」といいます。**

　株主へ金銭が支払われた場合、**資本金の払い戻しのみであれば、みなし配当は発生しませんが、利益剰余金から払い戻されていると考えられる部分があります。その部分は利益剰余金からの払い戻しであるため、配当とみなされる**のです。

　配当とみなされる部分は、株主が受け取った金額から資本金の払い戻し額を控除した額となります。

> みなし配当の額 ＝ 株主が受け取った金銭等の価額 − 資本金の払い戻し額

　この例でいうと、残余財産である現預金1,949万円を株主が受け取りますが、当初出資していた資本金の100万円については資本金が払い戻されただけなので、差額の1,849万円が利益剰余金の払い戻しとなり、1,849万円がみなし配当の金額になります。

　みなし配当は、個人の株主の場合、配当所得となります。法人が非上場の場合、**その配当所得は総合課税となり確定申告を行います。**給与所得や不動産所得に配当所得を加算して所得が計算される、ということです。

　総合課税された所得から所得控除を差し引いて、図1-8（34ページ）の所得税率を掛けて所得税を算出します。住民税も10％かかり、所得税額の2.1％の復興特別所得税も発生します。

　最高税率55％（所得税45％ ＋ 住民税10％）の例で、みなし配当に対する税金を計算してみます。

> ① 所得税　　　　　　1,849万円　　× 45% ＝ 832万500円
> ② 住民税　　　　　　1,849万円　　× 10% ＝ 184万9000円
> ③ 復興特別所得税　　832万500円　× 2.1% ＝ 17万4730円
> ④ ① ＋ ② ＋ ③ ＝ 1,034万4230円

配当所得には配当控除という税額控除を適用できますが、ここでは省略しています。

最後に、会社清算方式で残余財産を受け取った場合のCFを計算します。

残余財産1,949万円 － 所得税等1,034万4230円 ＝ 914万5770円

不動産所有法人のM&A方式でのCF

個人が株式の売買をした場合には、**株式の譲渡所得として利益の計算をします**。株式の譲渡所得の計算方法と税率を整理します。

まず、株式の譲渡所得の計算式は以下のとおりです。

$$
\begin{array}{c}
株式の \\ 譲渡所得
\end{array}
=
\begin{array}{c}
株式の \\ 売却価額
\end{array}
-
\left(
\begin{array}{c}
株式の \\ 取得費用
\end{array}
+
\begin{array}{c}
手数料などの \\ 必要経費
\end{array}
\right)
$$

ここでの株式の取得費用は、法人の設立時に出資した資本金となります。手数料などの必要経費は、M&Aの際に専門家や仲介業者に支払った手数料になります。

株式の譲渡所得に対する税率は次ページのとおりです。

給与所得や不動産所得だけでなく、上場株式や非上場株式の譲渡所得が発生したら、節税のためにふるさと納税をお勧めします。株式の売却益が増えれば、ふるさと納税の控除上限金額が増加するからです。

- ・ 所得税 ➡ 15%
- ・ 住民税 ➡ 5%
- ・ 復興特別所得税 ➡ 所得税額の2.1%

5-2 で計算した株式価額を用いて、株式売却によるCFを計算します。

▼ 株式の譲渡所得の計算

株式の売却価額	−	(	株式の取得費用	+	手数料などの必要経費	)		
3,093万円	−	(	100万円	+	171万円	)	=	2,822万円

M＆Aの仲介手数料は、219ページの仲介手数料と同額にしています。

▼ 所得税等の計算

① 所得税　　　　　　2,822万円　　　× 15% = 423万3000円
② 住民税　　　　　　2,822万円　　　×　5% = 141万1000円
③ 復興特別所得税　　423万3000円　× 2.1% =　8万8893円
④ ① ＋ ② ＋ ③ = 573万2893円

▼ M＆Aによる売却CF

株式の売却価額 3,093万円	−	譲渡所得税等 573万2893円	−	M＆Aの仲介手数料 171万円	=	2,348万7107円

▼ CFの比較

会社清算方式のCF	914万5770円
不動産所有法人のM＆A方式のCF	2,348万7107円
C F 差 額	1,434万1337円

応用編

同じ利回り10％（売価5,000万円）で売却したとき、不動産所有法人のＭ＆Ａ方式で売却したほうが手残りが多いことが分かります。204ページでも述べましたが、このように手残りに差が発生するのは、不動産所有法人のＭ＆Ａ方式では、**株式の譲渡益に対する所得税等の20％しか税金が発生しない**のに対し、会社清算方式では、**不動産売却益に対する法人税等33％に加えて、残余財産を株主に分配した際の配当に対する所得税等55％も発生している**からであり、税金が大きな原因なのです。

節税を考えるときは「税率差」を意識することが大切です。同じ収益不動産であっても、個人で所有するのと法人で所有するのでは手残りが違いますが、これも税率差が大きな原因です。

人口減少の進み方と
不動産投資家ができること

　不動産賃貸業は、賃貸市場で供給サイドとして利益を追求しますが、供給過剰になると空室が増加し、利益が減少してしまいます。また、今後は人口減少による需要低下も考えておかなければなりません。

　図5-11は、国土交通省が2021年に公表した「国土の長期展望」における将来の人口予測です。

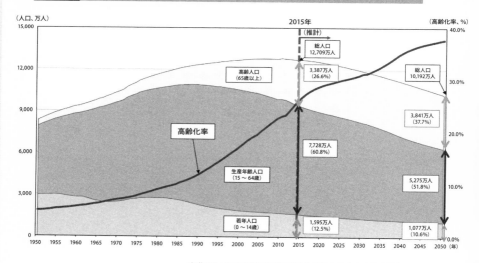

図5-11 将来の人口予測

出典：国土の長期展望専門委員会最終とりまとめ参考資料
https://www.mlit.go.jp/policy/shingikai/content/001412278.pdf

　2015年から2050年にかけて、高齢人口は11％・454万人増加、若年人口は1.9％・518万人減少、生産年齢人口に至っては9％・2,453万人も減少するというショッキングな内容です。当然、住宅需要は高齢者層が増す一方、若者や働き盛りの層は大きな減少となります。また、総人口が減り、人口構成が大きく変わることは経済成長率や所得の伸び悩み要素になります。

図5-12、図5-13は、全国図での予測結果です。出典は図5-11と同じく国土交通省が公表した資料です。

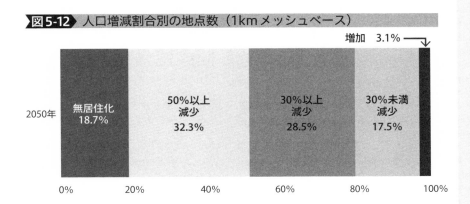

図5-12 人口増減割合別の地点数（1kmメッシュベース）

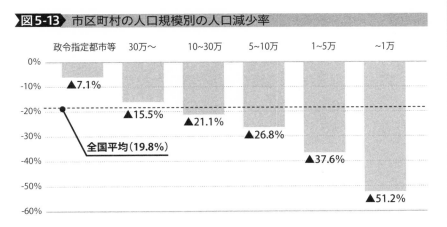

図5-13 市区町村の人口規模別の人口減少率

　人口増加するのはわずか3.1％（都市部と沖縄県の一部のみ）、30％未満減少は17.5％、30％以上減少は28.5％、50％以上減少は無居住化を含めて51％となっています。

　市区町村の人口規模別の人口減少率では、全国平均の19.8％減少より減少率が小さいのは30万人以上の市区町村に限られます。つまり、30万人以上の市区町村では比較的人口減少が緩やかですが、規模の小さい市区町村ほど過疎化の進展が厳しくなる、ということです。

所有物件周辺の人口（需要）動向把握の重要性が今後一段と増すことは間違いないでしょう。こうしたマクロな動向に対し、私は一不動産投資家として日ごろから以下のような情報にアンテナを張ることを心がけています。

・自治体の人口将来予測レポートやコンパクトシティ構想の有無
・管理会社との間で交換される情報
・大規模施設（大学、病院、企業、工場）の進出や撤退情報
・空室や賃料の変化の把握・分析

人口減少下における賃貸経営の戦略にはどのようなものがあるでしょうか。不動投資家によって考え方は様々なはずですが、私なら以下のようなアイデアを挙げます。
・人から選ばれやすい物件にする
　（猫と暮らせるマンションなど付加価値をつける）
・物件のエリア選定を大切にする
・入居者を外国人に特化して賃貸経営を行う
・高齢者向け物件の賃貸経営も視野に入れる

あとがき

　本書は、前著『不動産投資の税金を最適化「減価償却」節税バイブル』に続き、私にとって2冊目の書籍になります。

　1冊目は減価償却について掘り下げたマニアックなものですが、本書も「収益不動産の売却」という局面にスポットを当てたニッチなものになりました。今回も「誰も書いたことがないようなオンリーワンの本」を目指してみました。

　不動産賃貸業は最終的に売却しなければトータルの儲けが確定しません。最後の「売却」でうまくいってほしい、1円でも多く手元にお金が残るように売却してほしい、そんなメッセージを込めながら書きました。

　収益不動産の売却について考えるとき、いつが売り時なのか、どうやったら高く売れるのか、売却益の節税対策は何をすればいいのか……と検討しなければならないことがいくつも出てきます。読者の皆さんや、私が所属する税理士法人のクライアントの皆さんのそういった悩みを少しでも解消できる本にしたいという思いで筆を走らせました。

　実は、この本の構想期間は1年以上かかっていますが、いざ書き始めて自分の考えや想いを文章にし始めると止まらなくなり、数カ月で全体を書き上げてしまいました。

　その構想期間中、「不動産の売却には適正価格がある」ものの、どうやったら少しでも高く売却できるのかをずっと考えていました。

　本文には書きませんでしたが、こんな方法はどうだろうと思うものがあります。

　それは、売主側が「物件入居者の更新回数をアピールする資料を作成する」というものです。

だいたい2年更新が多いと思いますが、更新回数が多ければ多いほどよい物件という考え方です。更新を重ねているということは、それだけ入居者にとって住みやすい部屋で、周辺環境もよいと考えられます。

　そうすると、空室リスクが低く高稼働物件であると買主側に推測してもらいやすくなります。多少高くてもほしいと買主に思わせるようなアピールをする努力も、売主側には必要なのだろうと感じています。

　不動産投資に関する書籍は書店でも多く目にしますが、入口の物件購入や保有中について書かれているものが多く、出口戦略や売却にテーマを絞ったものは少ないと思います。

　収益不動産の売却について悩んだときには、ぜひ再びこの本を読み返してもらえたらと思います。

　最後に、この本を手に取っていただいたすべての方に最大限の感謝を込めて、あとがきを締めたいと思います。

　お読みいただき本当にありがとうございました。

売却前の
要チェック項目リスト

チェックリスト

☑ 収入印紙　折半もしくはゼロ　　3-2

書面による契約書を1通だけ作成した場合、収入印紙も1通分で済むので、その1通分の収入印紙代を買主・売主双方で折半する。もしくは、電子契約により収入印紙代をゼロにする。

☑ 仲介手数料　金額確認　　3-2

仲介手数料の計算を行う際に、土地 ＋ 税抜の建物金額を取引額としてパーセンテージが掛けられているか確認する。

☑ 火災保険　引き継ぎ　　3-3

自身が加入している火災保険の引き継ぎを価格交渉の材料としてみる。現在加入している火災保険を解約返戻金相当で引き継げるようにすることで指値に対処する。

巻末付録

☑ 消費税　売却時は免税事業者か課税事業者か　　4-2　4-3

個人も法人も、まずは基準期間の課税売上高が1,000万円を超えているかを確認して消費税の納税義務の判定を行う。さらに、高額特定資産の取得により課税事業者とならないかを確認する。

☑ 消費税　課税事業者なら簡易課税か本則課税か　　4-2

基準期間の課税売上高が5,000万円以下で、届出を提出することにより簡易課税事業者になれる場合、メリットとデメリットを理解した上で簡易課税事業者を選択するかどうか検討する。

☑ 消費税　課税事業者なら土地建物割合を検討　〔3-1〕

売買契約書には土地と建物を別立てで金額表示せず、土地建物金額を総額表示し、合理的な計算根拠に基づく数種類の方法で按分した上で一番有利な割合を選択する。

☑ 消費税　決算期変更により免税事業者に戻れないか　〔4-3〕

決算期変更により、課税事業者である期間を短縮し、免税事業者になれる期間を早めることができないか確認する。

☑ 法人税等　決算期変更により翌期に売却益を計上し、1年かけて節税対策ができないか　〔3-6〕

決算期を変更することで、売却前の事業年度と売却完了の事業年度に分ける。それにより、売却による利益を圧縮するための節税対策について検討する時間を増やす。

☑ 法人税等　売却益対策を検討したか　〔3-5〕〔3-6〕

【課税の繰延効果を利用した対策】

・経営セーフティ共済 ➡ 1年以内の前納掛金を払い込んだ期の損金に算入

・オペレーティングリース ➡ 大型損金の計上が可能

・生命保険 ➡ 1年以内の前納掛金を払い込んだ期の損金に算入

【ダイレクトに法人税等を減少させる対策】

・役員報酬 ➡ 決算期の変更を絡めて役員報酬を増額

・退職金 ➡ 売却益が発生する事業年度に役員を退職させ、退職金を支払う

☑ 所得税 　売却した年の減価償却費を 不動産所得に計上するか　1-2

以下の2通りを計算し、有利なほうを選択したか確認する。

- 売却した年の期首から売却月までの減価償却費相当額を不動産所得の計算に反映する
- 減価償却費相当額を不動産所得に計上せずに、譲渡所得の計算上の取得費を大きくする

☑ 違約金 　繰上返済を行うことによる違約金が発生するか　1-4

固定金利で借りている場合で、売却と連動してローンを繰上返済すると違約金を取られる場合が多い。あらかじめ違約金が発生するかどうか確認する。

☑ 敷金 　賃借人の敷金は関東方式か関西方式か　1-4

以下のどちらになるか確認する。関西方式の場合は要注意。

- 関東方式（金銭の授受あり）➡ 売主は買主に対し、売却と同時に預り保証金（敷金）相当額を支払う
- 関西方式（金銭の授受なし）➡ 売主は買主に対し、預り保証金（敷金）相当額を支払わない。買主は、入居者に敷金を返還する義務だけを引き継ぐ

☑ CF 　売却によるCFは、 所有中の年間CFの何年分に相当するか　2-1

仮に今すぐに売却した場合、売却により得られるCFが、将来入ってくるであろう毎年のCFの何年分に相当するか計算してみる。

234

☑ 所得税・法人税　特別控除を適用できるか　`3-4`

個人・法人ともに特別控除の適用要件に当てはまるか確認する。

【個人】

・マイホーム（居住用財産）を売った場合の3,000万円の特別控除の特例
・被相続人の居住用財産（空き家）を売った場合の3,000万円の特別控除の特例
・2009年、2010年に取得した土地を譲渡した場合の1,000万円の特別控除の特例
・低未利用土地等を売った場合の100万円の特別控除の特例

【法人】

・2009年、2010年に取得した土地を譲渡した場合の1,000万円の特別控除の特例

☑ 消費税　売却した事業年度が課税事業者（本則課税事業者）のとき高額特定資産を購入したか　`4-3`

本則課税事業者の期間中に高額特定資産を購入すると、取得日の属する年度初日以後3年を経過する日の属する課税期間までの各課税期間に本則課税が強制され、簡易課税事業者の選択ができない。そのことを理解して購入しているか。

☑ 消費税　買い手はインボイスを要求してくるか　`4-4`

以下のような場合には、売主がインボイスを発行できないことで買主に影響を与えるので注意。

・買主が本則課税事業者、売主が免税事業者で、税抜1,000万円未満の居住用賃貸建物を売買する場合
・買主が本則課税事業者、売主が免税事業者で、事務所／店舗用の賃貸建物を売買する場合

☑ M&A　不動産所有法人M&Aで売却することを検討したか　`5-1`～`5-3`

不動産そのものを売却したときの税引後CFとM&Aで売却したときの税引後CFを比較して、手残りが多いほう（もしくは同時並行）で売却活動を進める。

☑ 所得税　マイホームの譲渡所得の計算上、購入時の付随費用を含めて取得費を計算したか　`1-1`

取得費の計算上、購入時の土地建物金額だけでなく、購入時に支払った付随費用も加算できているか。忘れやすいので確認する。

☑ 所得税　物件所有期間が5年超か5年以下か　`1-1`

・売却した年の1月1日時点で所有期間が5年以下　➡　短期譲渡所得
・売却した年の1月1日時点で所有期間が5年超　➡　長期譲渡所得

短期と長期の違いで所得税・住民税の税率が大きく変わるので、所有期間の判定を間違えていないか確認する。

☑ 所得税　マイホームを売った場合の3,000万円特別控除と住宅ローン控除の適用について有利判定をしたか　`3-4`

マイホームの売却後に新たなマイホームを購入したとき、新たなマイホームで住宅ローン控除を受ける場合には3,000万円の特別控除は適用できない。どちらか有利なほうを選択する。

索 引

著者紹介

萱谷 有香（かやたに・ゆか）

叶税理士法人 副代表。不動産投資専門の税理士。

不動産投資に特化した税理士事務所で働きながら収益不動産について税務と投資の面で多くの知識を得られたことを活かし、自らも不動産投資を手がける。

不動産投資の中で購入と同じくらい重要な「売却」について徹底的に掘り下げて考えている。適切な売却時期を見極めることにより、売却時に1円でも多くお金が残るよう、投資家・税理士の立場からアドバイス・コンサルティングを行う。大手管理会社、ハウスメーカーや賃貸フェアなどでの講演実績があり、記事執筆も行う。

不動産投資の規模を拡大していくために、なくてはならない金融機関からの融資についても積極的に紹介やアドバイスを行う。金融機関から融資を引きやすい、または金利交渉をしやすい決算書の作成を得意とする。

物件購入前、物件保有中、物件売却時、相続時、どの時点で相談を受けても必ず投資家にプラスになるアドバイスを心がけている。

著書に『不動産投資の税金を最適化「減価償却」節税バイブル』（技術評論社）。

カバーデザイン
一瀬錠二

本文デザイン＋レイアウト
矢野のり子＋島津デザイン事務所

本文イラスト
中山成子

お問い合わせについて

本書は情報の提供のみを目的としています。最終的な投資の意思決定は、お客様ご自身の判断でなさるようお願いいたします。本書の情報に基づいて被ったいかなる損害についても、筆者および技術評論社は一切の責任を負いかねます。

本書の内容に関するご質問は弊社ウェブサイトの質問用フォームからお送りください。そのほか封書もしくはFAXでもお受けしております。本書の内容を超えるものや、個別の投資コンサルティング、税務相談に類するご質問にはお答えすることができません。あらかじめご承知おきください。

〒162-0846
東京都新宿区市谷左内町21-13
（株）技術評論社　書籍編集部

『売却益と節税を最大化 収益不動産「売却」バイブル』質問係

FAX…03-3513-6181
質問用フォーム…https://gihyo.jp/book/2024/978-4-297-14226-1

なお、訂正情報が確認された場合には、https://gihyo.jp/book/2024/978-4-297-14226-1/supportに掲載します。

売却益と節税を最大化
収益不動産「売却」バイブル

2024年7月5日　初版　第1刷発行

著　者	萱谷 有香（かやたに ゆか）
発行者	片岡 巌
発行所	株式会社技術評論社 東京都新宿区市谷左内町21-13 電話　03-3513-6150　販売促進部 　　　03-3513-6185　書籍編集部
印刷／製本	港北メディアサービス株式会社

定価はカバーに表示してあります。

本書の一部または全部を著作権法の定める範囲を超え、無断で複写、複製、転載、テープ化、ファイルに落とすことを禁じます。

© 2024　Kisukaru Ltd.Co.

造本には細心の注意を払っておりますが、万一、乱丁（ページの乱れ）や落丁（ページの抜け）がございましたら、小社販売促進部までお送りください。送料小社負担にてお取り替えいたします。

ISBN978-4-297-14226-1 C0033
Printed in Japan